华东师范大学电竞产业发展研究中心 组编
E-sports Industrial Development Research Center

电子游戏产品运营管理

刘新静◎主编

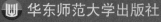 华东师范大学出版社
·上海·

图书在版编目(CIP)数据

电子游戏产品运营管理/刘新静主编.—上海:华东师范大学出版社,2023

ISBN 978-7-5760-4363-1

Ⅰ.①电… Ⅱ.①刘… Ⅲ.①电子游戏-产品管理-运营管理 Ⅳ.①G898.3

中国国家版本馆 CIP 数据核字(2023)第 247098 号

电子游戏产品运营管理

主　　编　刘新静
责任编辑　皮瑞光
特约审读　陈雅慧
责任校对　王　晶
装帧设计　俞　越

出版发行　华东师范大学出版社
社　　址　上海市中山北路 3663 号　邮编 200062
网　　址　www.ecnupress.com.cn
电　　话　021-60821666　行政传真 021-62572105
客服电话　021-62865537　门市(邮购)电话 021-62869887
地　　址　上海市中山北路 3663 号华东师范大学校内先锋路口
网　　店　http://hdsdcbs.tmall.com

印 刷 者　上海景条印刷有限公司
开　　本　787 毫米×1092 毫米　1/16
印　　张　8.75
字　　数　188 千字
版　　次　2023 年 12 月第 1 版
印　　次　2023 年 12 月第 1 次
书　　号　ISBN 978-7-5760-4363-1
定　　价　38.00 元

出 版 人　王　焰

(如发现本版图书有印订质量问题,请寄回本社客服中心调换或电话 021-62865537 联系)

前　言

PREFACE

　　电子游戏行业自诞生之日起就伴随着质疑和批评蹒跚前行。直至今日，尽管网络游戏和电子竞技已经成为中国居民主要的休闲方式之一，电子竞技也作为正式项目进入 2022 年杭州亚运会的赛场，但争议从来没有消失。2021 年 8 月，央媒《经济参考报》发表题为《"精神鸦片"竟长成数千亿产业》的文章，文中直斥网络游戏为"精神鸦片"并点名批评时下深受学生欢迎的游戏《王者荣耀》。随后，国家新闻出版署针对未成年人过度使用甚至沉迷网络游戏问题，进一步严格管理措施，坚决防止未成年人沉迷网络游戏，切实保护未成年人身心健康的《关于进一步严格管理 切实防止未成年人沉迷网络游戏的通知》被不恰当解读。一时间，舆论界开始唱衰游戏行业，行业内风声鹤唳、人人自危。"青山遮不住，毕竟东流去"，游戏行业面临质疑和困境不一定是坏事。中国游戏行业起步晚，但发展迅猛，难免存在泥沙俱下、良莠不齐的情况。通过来自各界的监督、质疑和批评可以让游戏行业更好地进行行业整顿和提升，最终为社会大众提供更多更好的产品。"千淘万漉虽辛苦，吹尽狂沙始到金"，中国游戏人应该有这样的胸襟与气概。

　　党的二十大报告指出"促进群众体育和竞技体育全面发展"，深刻阐明了中国建设体育强国的战略目标，就是要全面发展，不仅群众体育、竞技体育，还有体育产业、体育文化等都要发展，才能实现体育强国的战略目标。

　　为了深入研究电子竞技产业面临的各类问题，更好地服务上海"全球电竞之都"建设，华东师范大学整合学科、人才、技术等资源优势，创建了电竞产业发展研究中心，并正式获批上海高校智库。该智库的研究着眼两条主线，一是关注整个电竞产业链，研究产业生态，研究新消费人群，探索高质量发展路径；二是关注电竞产业人才培养，关注电竞青少年选手健康成长，探索新形势下、新场景下的各类教育问题。明日世界是一家具有战略眼光的电子竞技头部企业，一直秉承"以体育文化为导向，以平台为基础，以内容为核心，以赛事为特色，以服务教育人才为使命"的经营理念，致力于打造国内权威的电竞人才教育体系，现阶段主要以人才培养方案和教材建设为抓手弥补电竞人才教育领域的空白。基于这样的背景，华东师范大学电竞产业发展研究中心与明日世界共同发起，组织复旦大学、上海交通大学、上海师范大学等高校的相关学者以及电子竞技行业的多位行业专家共同开发编写了这一套电子竞技专业教材。

　　《电子游戏产品运营管理》是该系列教材的核心篇目之一，主要包括八个项目，系统介绍了电子游戏产品运营管理的基本概念、流程、工作内容和专业技能，其中重点论述了电子游戏产品的封测、内测和公测三个阶段的工作流程和内容以及数据分析的相关知识和技能，目的在于帮助电子游戏运营岗位的新进人员既能对该岗位的工作内容和岗位职责有整体的认识和把握，又能掌握每项工作必备的知识和技能。因为种种因素的限制，书中难免存在疏漏讹误之处，请读者不吝指正。

　　参与本书编写的人员还有上海师范大学的谈佳洁博士、上海春申旅游进修学院的叶露老师，同时明日世界的肖磊先生等多位行业专家也为本书提供了宝贵的资料和建议，对此一并表示感谢！

　　本书的编写工作前后经历了两年多的时间，电子游戏行业的发展却是日新月异，因此本书付梓出版之日，可能有些内容已经成为历史，这也是无法避免的问题，只希望本书能够对广大读者和同行起到抛砖引玉的作用。

作者

2023 年 10 月

目 录
CONTENTS

项目四　游戏产品运营的封测

项目五　游戏产品运营的内测

项目六　游戏产品运营的公测

项目七　游戏产品的数据分析

8 项目八　游戏产品主题与促销活动

项目概要

游戏产品运营工作者首先要清楚自己的工作对象,包括游戏、游戏产品的概念,游戏产品的类型、发展进程,游戏规则,游戏叙事,游戏关卡等基本知识,这是开展运营工作的基础和出发点。

知识目标

1. 理解游戏、游戏产品的概念及特征,游戏产品的发展进程。
2. 熟悉游戏产品的类型,游戏叙事。
3. 掌握游戏规则,游戏关卡。

能力目标

1. 能够阐述游戏产品的基本概念和理论。
2. 能够分析一款游戏的类型、规则、主题、叙事结构和关卡设计。

◎ 任务一 什么是游戏产品

任务导入

材料一:1962 年,麻省理工学院的格拉茨、拉塞尔等 7 名大学生,在 DEC 公司 PDP-1 小型计算机上制作出了世界上第一个真正意义上游戏程序——《空间大战》(Space War)。游戏画面极其简陋,由四个键控制两艘太空船(两人各一艘),使用"A、S、D、F"键控制一艘船,"K、L、;、'"键去控制另一艘,玩家可以互相发射火箭,直至一个人用火箭击中对方的飞船就算获胜。这标志着数字化游戏形式的正式诞生,电脑游戏就这样走进了人们的生活。[①]

材料二:2001 年,盛大网络开始运营韩国网络游戏《传奇》,也开启了中国网络游戏的"传奇"。大量公司开始相继进入游戏行业,成就了一批知名游戏公司,包括盛大、巨人网络、九城、网易、完美时空、腾讯及金山等,游戏公司也开始成为上市公司。截至 2017 年

---

① 李瑞森. 游戏专业概论(第 2 版)[M]. 北京:清华大学出版社,2018:27.

底,据统计,中国共有上市游戏公司 185 家,新三板挂牌游戏公司 158 家,游戏市场规模 2 200 亿人民币,中国也成为全球最大的游戏市场。[①]

知识准备

一　游戏

(一) 游戏的定义

"游戏"自人类诞生起就存在,其语义随着人类历史的变迁而不断演化。关于什么是游戏,不同的学者从不同的角度给出了不同的定义:柏拉图将游戏界定为"一切幼子生活和能力跳跃需要而产生的有意识的模拟活动";亚里士多德认为游戏是"劳作后的休息和消遣,本身不带有任何目的性的一种行为活动";约翰·胡伊青加则认为"游戏是这样一种活动,它行进在某种时空限度之内,有一可见的秩序,遵守自愿接受的原则,在生活必需或物质有用性的领域之外。游戏的心境是狂喜与激越,是与重大场合相协调的神圣的或欢庆的情绪"。[②]《辞海》对游戏的定义为"以直接获得快感为主要目的,且必须有主体参与互动的活动"。

随着时代的发展,技术的变迁,当今时代人们所讨论的游戏往往指电子游戏、数字化游戏、计算机游戏,这些游戏与传统游戏的最大不同之处就在于其需要借助电子硬件设备来展开。因此,本书中的"游戏"主要是指在电子硬件设备(电脑、手机、电视机、电子游戏机等)平台上运行的游戏应用程序。电子设备的发展日新月异,依附电子设备产生的电子游戏也历经 2D 时代、3D 时代和网游时代,呈现出多元化的发展态势。

(二) 游戏的特征

现代游戏的定义发生了改变,但其本质特征仍然与传统游戏一脉相承。主要表现在四个方面。

第一,自由属性。游戏参与者是游戏的主导者,游戏的动机主要来自游戏者内部,即内驱动力。是否愿意参与游戏、何时开始、何时结束、与谁一起玩游戏甚至游戏规则的制定都取决于游戏参与者的意愿、情感和兴趣,"游戏最突出的意义就是自我表现"。[③]

第二,非功利性。游戏的第二个属性就是非功利性,参与游戏当然有目的,这些目的多为游戏参与者自己规定和认可,且多半没有功利目的(例如获得直接收益)。《辞海》中"游戏"定义为"以直接获得快感为主要目的,且必须有主体参与互动的活动",就指出了"游戏"的非功利性,它的目的在于"获得快感",这种快感可以包括生理的和心理的快感,但并没有

---

① 李茂.游戏艺术:从传统到现代的发展历程[M].北京:清华大学出版社,2019:52.

② [荷]J.胡伊青加.人:游戏者——对文化中游戏因素的研究[M].成穷译.贵阳:贵州人民出版社,2007.

③ [德]伽达默尔.真理与方法(上卷)[M].洪汉鼎译.上海:上海译文出版社,1992:139.

涉及直接收益。

第三,幸福属性。幸福是一种人性得到肯定、自我得到超越时的完满感觉,无论是传统游戏还是现代游戏,幸福属性是游戏的最终追求,游戏参与者在游戏中是全神贯注的、物我两忘的,通过"角色扮演""技能获得"等方式,体验到某种控制客体为我所用的自我超越感,这一过程中不仅仅有愉悦感,也伴随着焦虑、紧张、规则制约和不自由感,但这些矛盾都是可以控制并调和的,矛盾解决之后游戏参与者将获得幸福感。幸福属性是游戏的根本属性,也是最重要的属性。

第四,社交属性。游戏参与者享受游戏带来快乐的同时还可以进行社交活动,游戏的社交属性在现代游戏中被不断强化,现代游戏设计过程中就非常注重游戏社交功能的开发,人们进行游戏的目的不再是单纯地靠游戏获得快乐,而是在游戏过程中进行有趣的社交活动,来获得人际交往带来的满足感。多项调查显示,95后游戏参与者比年长者更加注重游戏的社交功能,同时游戏设计者也通过引入更多的社交元素来提升客户黏性。

图1-1　电子游戏的社交属性

二　游戏产品

游戏产品是指游戏开发商设计开发的游戏应用程序进入市场的流通消费环节,成为被游戏消费者购买、满足消费者需求的商品。也就是说,游戏开发商设计开发出的游戏不一定是游戏产品,只有进入游戏市场进行交易、成功变现的游戏才是游戏产品。

(一)世界第一款游戏产品和雅利达公司

尽管《空间大战》的问世具有划时代的意义,但公认的世界第一款游戏产品是乒乓球游戏《Pong!》。这是一款抽象的电子版乒乓球游戏,游戏规则与乒乓球类似,玩家控制一个长方形球拍移动接球,同时要设法让对方接不到球。游戏简单易操作,但在游戏产品历史上具有里程碑式的意义。

图 1-2 游戏《Pong!》的开始画面

《Pong!》的开发商诺兰·布什内尔于 1972 年 6 月成立了第一家电子游戏公司雅利达（Atari），这家公司在 10 年之内创造了一个电子游戏界的神话。1974 年开始，雅利达公司推出了自主研发的《Pong!》家庭版游戏机，1975 年这款游戏机的销量达到了 15 万台，销售额达 1500 万美元，雅利达公司也跃升为当时世界上最大的游戏机厂商，并带动了全球游戏机市场的繁荣。1977 年 10 月，2600 型家用游戏机面世，到 1982 年这款游戏机占据了全美游戏机市场 44% 的份额，同年雅利达公司的销售额达到了 20 亿美元，成为美国历史上成长最快的公司，所占美国游戏市场的份额达到 80%。但是繁荣背后危机四伏，大量劣质游戏产品的同质竞争，加之雅利达公司投资失败，使得"雅利达神话"毁于一旦。1983 年雅利达公司停止股票交易并大规模裁员，2013 年 1 月该公司申请正式破产。

图 1-3 雅利达公司开发的《Pong!》家庭版游戏机

（二）游戏产品的发展历史

雅利达公司的辉煌为电子游戏界的后来者开创了新局面，从 20 世纪 80 年代开始，电子游戏从美、日等国开始逐渐推广到全球，到今天已经成为全球最广泛的休闲活动之一。从时间的纵向维度来看，电子游戏发展历史上有三个重大节点值得关注。

第一个节点就是《Pong!》的问世。《Pong!》让美国游戏机行业走向巅峰,同时也带动了全球游戏机行业的发展。继雅利达公司之后,日本的任天堂、日本电气股份有限公司(NEC)、世嘉、索尼以及美国艺电和法国育碧都进军游戏机行业,开发了一系列著名的游戏产品,包括马里奥系列、魂斗罗系列、极品飞车、VR战士等,这些游戏产品与游戏主机的依存度比较高,往往是游戏和主机一起出售。在20世纪80年代个人计算机(以下简称PC)并不普及的背景下,电子游戏就等同于游戏机游戏。

图1-4　游戏《超级马里奥》画面

第二个节点是《巫术》和《创世纪》的诞生。这是电脑游戏时代来临的标志,时间在1980年前后。这两款游戏不仅开创了欧美角色扮演类游戏(RPG)的先河,而且对电子游戏界的影响甚为深远,有"3D技术游戏教父"之称的约翰·卡马克忆及这两款游戏时说:"我甚至想用纸笔把屏幕上的画面临摹下来,我对这些游戏简直爱不释手,正是它们激发了我对编程的兴趣。我刚开始制作的几个Applle II小游戏都在模仿《创世纪》,那真是一段令人难忘的日子。"[①]20世纪90年代是电脑单机游戏的黄金时代,各种经典游戏产品层出不穷,包括动作类游戏(ACT)《波斯王子》系列、《决战富士山》《雷曼》,模拟类游戏《模拟城市》,冒险类游戏(AVG)的代表作《猴岛小英雄》、《鬼屋魔影》系列、《神秘岛》系列,策略类游戏(SLG)《三国志》系列、《文明》系列,即时战略类游戏(RTS)《魔兽争霸》等。这类单机游戏的设定就是人机互动,即游戏参与者与电脑之间的互动。但随着游戏产品的规模越来越大,游戏产品开发工作日益复杂,分工也越来越精细化,除了程序员之外,开发团队还需要大量的美术设计人员参与。

第三个节点是《帝国时代 II》和《家园》的上线。1999年微软公司和Relic公司分别推出《帝国时代 II》和《家园》,这是两款即时战略类游戏,它们标志着网游时代的来临。在此之前,网络游戏局限于局域网,联机人数十分有限,并非真正意义上的网络游戏。2000年和2001年微软公司先后推出了操作系统 Windows 2000 和 Windows XP,加之网络技术的进一步发

① 李瑞森.游戏专业概论(第2版)[M].北京:清华大学出版社,2018:30.

图 1-5 游戏《巫术》的画面

展,在技术层面上为对战类网络游戏的出现提供了条件。在《帝国时代 II》中,来自全球的游戏参与者可以在官方提供的联机平台上进行对战,跳出了局域网的限制,这是单机游戏时代无法想象的事情,网络游戏也在全球掀起了新的游戏热潮。

图 1-6 游戏《帝国时代》画面

我国的游戏产业起步较晚,受美国、日本、韩国游戏产业的影响很大,同时由于政策原因,我国的游戏产业发展呈现出一波三折的轨迹。2010 年之后受多重利好因素的影响,我国游戏产业进入了十年的黄金发展期,游戏产品在数量、质量都日益提升的同时,游戏产品运营也越来越受关注,成为影响游戏产品 KPI 的重要因素。

(三)游戏产品与电竞产品

游戏产品与电竞产品是两个概念,游戏产品是指所有进入市场的游戏应用程序,这些游戏产品中有一部分适合开展竞技项目,往往被开发为电竞产品。电子竞技是一项对抗性的体育运动,是指以电竞游戏为基础,信息技术为核心,软硬件设备为器械,在信息技术营造的虚拟环境中,进行的人与人之间的智力对抗运动。电子竞技是电子游戏比赛达到"竞技"层面的活动,是利用电子设备作为运动器械进行的人与人之间的智力对抗运动。[①] 因此,游戏产品和电竞产品是包含与被包含的关系,电竞产品属于游戏产品的一部分。

任务实施

1. 根据任务导入的材料一、二,谈谈游戏产品的起源以及中国游戏产品运营商的情况。

2. 索尼娱乐公司的首席创意官拉夫•斯科特认为游戏就是在快乐中学会某种本领的活动,请结合所学知识谈谈他的观点说明了游戏的哪些特征。

○ 任务二 游戏产品的分类

任务导入

有"游戏界奥斯卡"之称的游戏奖 The Game Awards,简称 TGA,是由任天堂、微软和索尼三家游戏公司赞助的年度评奖活动,从 2014 年首届游戏奖颁奖典礼在美国内华达州拉斯维加斯举行以来,截至 2019 年底,游戏奖已经连续举办了六届。游戏奖的奖项每年略有不同,主要有年度最佳游戏、最佳独立游戏、最佳移动/手持游戏、最佳掌机游戏、最佳网络游戏、最佳音乐、最佳音效、最佳剧情、最佳射击游戏、最佳动作/冒险游戏、最佳角色扮演游戏、最佳格斗游戏、最佳家庭游戏、最佳益智类游戏、最佳体育游戏、最佳竞技游戏、最佳电竞选手、最佳电竞队伍、最佳玩家创作等,2017 年增加了"最佳中文游戏"奖项,2019 年增加了"玩家之声"奖项。

知识准备

电子游戏自 20 世纪 70 年代诞生以来,经历四五十年的快速发展,适应游戏参与者的不同需求,游戏的类型也越来越多。游戏根据不同的标准可以划分为不同的类型,例如根据不同的平台可以划分为电脑游戏、街机游戏、家用机游戏、掌机游戏、移动游戏等,按照不同载体可以分为软盘游戏、卡带游戏、光盘游戏、数字游戏等,按照内容可以分为角色扮演类游戏(RPG)、动作类游戏(ACT)、冒险类游戏(AVG)、策略类游戏(SLG)、射击类游戏(STG)、体育类游戏(SPG)、竞速类游戏(RCG)、模拟类游戏(SIM)、益智类游戏(PUG)、音乐类游戏(MUG)、卡牌类游戏(CG)、网络游戏(OLG)等。随着时代的发展与技术的更新,新的游戏类型还会不断出现,同时各种游戏类型之间的界限也逐渐模糊,

---

① 唐威.电子竞技产业概论[M].上海:华东师范大学出版社,2020:1.

一款游戏产品可能同时具备多种游戏类型的要素,这也是游戏产品的发展趋势之一。因为许多游戏类型已经退出了游戏舞台,例如软盘游戏、卡带游戏等,本书不再逐一介绍,只选择当前仍活跃在市场上的游戏类型做重点阐述。

一 按平台划分

(一) 移动游戏

移动游戏是按照平台来划分的游戏类型,包括手机游戏和平板游戏,是指在手机和平板上运行的游戏软件程序。手机进入智能化时代之后,其功能已经完全可以跟电脑媲美,移动游戏也因为其便捷性受到了消费者的欢迎。移动游戏多为小型游戏,简单易操作,有利于参与者利用碎片化时间,因此移动游戏用户已经成为全球电子游戏用户中份额最大的群体。联合国统计显示,全球手机用户数量已经超过全球人口总数,中国智能手机用户位列全球第一,数据显示,截至 2019 年 4 月,我国手机上网用户达到 12.9 亿户。手机尤其是智能手机的普及,为移动游戏的推广提供了广泛的硬件基础,2019 年中国游戏市场实际销售收入2 308.8 亿元,其中移动游戏营销收入 1 581.1 亿元,占整体营销收入的近七成,成为拉动游戏市场整体增长的主要因素。

目前中国移动游戏产品中休闲益智类产品的市场渗透率和下载率占据了移动游戏的榜首,分别为 50% 和 15%。究其原因,这类游戏数量众多,且体量小、易上手,用户的下载和游玩成本都很低。从盈利能力来看,角色扮演类游戏以 10% 的游戏时长获得了 34% 的游戏流水,可见这类重度游戏的玩家游戏忠诚度和付费能力都比较高。多人在线战术、竞技类游戏(MOBA)其游戏时长和流水都跻身前三行列,是由于 2017 年《王者荣耀》成为现象级产品带来的利好。休闲益智类游戏用户人数和游戏时长呈现双高,但这类游戏的玩家游戏忠诚度及付费意愿都不高,所以流水占比仍处于较低的状态。①

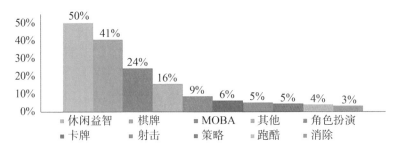

图 1-7 mUserTracker——2017—2018 年中国移动游戏类型渗透率分布

---

① 艾瑞咨询.2018 年中国移动游戏行业研究报告[R].上海:上海艾瑞咨询有限公司,2018.

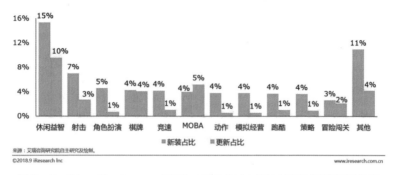

图 1-8 Store Tracker——2017—2018 年中国移动游戏类型下载分布

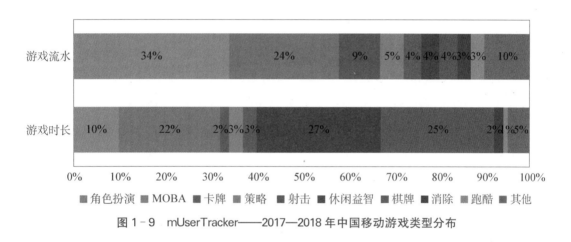

图 1-9 mUserTracker——2017—2018 年中国移动游戏类型分布

此外,近年来电脑游戏转手机游戏也成为新的趋势。例如《神武》系列,2015 年《神武 2》双端同步上线,2017 年《神武》系列的手游收入全面赶超客户端游戏,电脑游戏手游化是未来的必然趋势。同时,手机硬件环境的提升让手机游戏获得了更多的关注和投入,一些非移动平台的优秀游戏也开始了手游平台的布局。例如国内游戏《艾希》《蜡烛人》,国外游戏《堡垒之夜》《去月球》等,都是在主机或 PC 平台上取得了成功后,再移植到了移动平台,画面表现几乎无损,在玩法操作上也没有太大的阻碍,甚至还能做到跨平台联机,这些游戏在移动端也都取得了不俗的成绩。

(二) 电脑游戏

电脑游戏是按照游戏平台来划分的游戏类型,是指在电子计算机上运行的游戏软件程序。电脑游戏最初通过主机的光盘驱动器读取光盘来运行,现在更多的是通过网络下载来安装、运行游戏软件程序。电脑游戏又可以分为单机游戏、客户端游戏和网页游戏。下载安装好的电脑游戏依靠电脑的操作系统来启动和运行,同时需要鼠标、键盘、游戏手柄、摇杆控制器等外设来操控游戏,因此电脑游戏对电脑的硬件设施有一定的要求,很多电脑开发商也瞄准这个契机开发了专门的适合电脑游戏的产品。

世界上第一款电脑游戏是诞生于 20 世纪 60 年代的《空间大战》，但是电脑游戏的推广得益于 20 世纪 80 年代个人电脑(PC)的普及，经历 2D 时代、3D 时代和网游时代的变迁，随着 3D 显示卡的技术革新及因特网的广泛使用，电脑游戏一度成为电子游戏的"代名词"。2016 年前后，我国的电脑游戏销售收入被手机游戏赶超，但与手机游戏相比，电脑游戏还是具有自身的优势，电脑的硬件配置更加适合重度游戏，在客户游戏体验方面，目前电脑游戏还是优于手机游戏。伽马数据显示，2019 年我国客户端游戏市场实际销售收入为 616.9 亿元，网页游戏市场实际销售收入为 97.5 亿元，单机游戏市场实际销售收入为 6.4 亿元，电脑游戏市场实际销售收入合计 720.8 亿元。

(三) 主机游戏

主机游戏同样是按照平台划分的游戏产品类型，也被称为电视游戏，是指在家用游戏机平台上运行的游戏软件程序。美国雅利达公司的 2600 型家用游戏机是世界上第一台真正意义上的卡带式游戏主机，曾经为美国雅利达公司带来巨额利润。后来日本的任天堂、世嘉、索尼都进军家用游戏机市场，也研发了风靡一时的家用游戏机产品。进入 21 世纪，微软公司也开始自主研发家用游戏机，XBOX 就是微软公司的拳头产品。目前，任天堂、索尼和微软是世界家用游戏机市场的最大生产商。我国的主机游戏相比国外而言比较弱势，据市场研究机构 Niko Partners 统计的数据显示，2019 年中国游戏主机和电视游戏收入为 9.97 亿美元，同时数据显示，2019 年中国游戏主机玩家总数达到了 1 100 万。

三大家用游戏机商不仅生产硬件，而且都拥有与硬件匹配的主机游戏软件产品。这些游戏软件产品是由游戏机厂商自主研发或者委托第三方游戏生产商研发的为某一家用机产品匹配的游戏产品，例如任天堂的《马里奥》系列、《口袋妖怪》系列、《怪物猎人》系列，索尼公司的《最终幻想》系列、《战神》系列、《GT 赛车》系列，微软的《光晕》系列、《战争机器》系列，等等。

2014 年之前我国禁售游戏机，2014 年之后这一禁令解除，但出于文化背景和消费习惯，主机游戏的认可度始终在低位徘徊。主机游戏产品主要依赖进口，但进口主机游戏的审核比较严格，主机游戏在国外比较流行，在国内属于小众市场。

月度	当月总计	移动	客户端	网页	游戏机-PS4	游戏机-XBOX	游戏机-Switch	游戏机-英伟达
1月	0	0	0	0	0	0		
2月	0	0	0	0	0	0		
3月	30	22	5	0	1	2		
4月	0	0	0	0	0	0		
5月	22	15	4	0	2	1		
6月	22	15	5	0	0	1		1
7月	24	20	3	0	1	0		0
8月	38	31	5	0	0	2		0
9月	19	14	4	0	0	0		0
10月	12	6	2	2	1	0	1	
11月	18	16	2	0	0	0	0	0
12月	0	0	0	0	0	0	0	0
2019年度合计	185	139	30	2	6	6	1	1

图 1-10　2019 年各月份进口游戏审批数据

二　按内容划分

（一）角色扮演类游戏（RPG）

角色扮演类游戏的全称是 Role-Playing Game，简称 RPG，这是最为常见的一款游戏类型。这类游戏的关键词就是"角色扮演"，玩家在游戏中创建或者扮演一个或多个角色，并在一定的规则下让所扮演的角色不断成长升级。

角色扮演类游戏的构成要素包括故事情节、游戏战斗、角色升级、道具装备升级、怪物妖兽等，这是游戏开发者精心构建的完整的虚拟世界，玩家通过故事情节的演绎完成一个个目标或任务来实现角色自我成长和自我表现，极大满足了玩家的心理需求。

随着游戏产品行业的发展，角色扮演类游戏产品又出现了分支，按照地域来分可以分为欧美系、日韩系和中国系，按照游戏方式可以分为回合制、动作型和策略型，按照平台可以分为单机类和在线类。其中在线类角色扮演游戏的专用名词为"大型多人在线角色扮演游戏"（Massively Multiplayer Online Role Playing Games，MMORPG），这类游戏是网络时代的产物，2005 年美国暴雪娱乐公司的《魔兽世界》正式运营，其全球注册用户累计超过 2 000 多万人，成为游戏产品发展史上具有里程碑意义的角色扮演类游戏产品。

角色扮演类游戏产品的经典作品很多，包括欧美系的《巫术》《魔法门》《创世纪》等，日本的《最终幻想》《勇者斗恶龙》和国产的《仙剑奇侠传》《轩辕剑》等。

（二）动作类游戏（ACT）

动作类游戏的全称是 Action Games，简称 ACT，这类游戏既是出现最早的游戏类型之一，也是最为常见的一款游戏类型。动作类游戏的关键词就是"动作"，玩家控制的游戏角色根据周围情况变化做出即时的动作反应，例如移动、跳跃、攻击、躲避、防守等，以便达到游戏设定的目标。这类游戏对玩家的手眼协调能力和反应力要求较高。

动作类游戏需要通过"过关斩将"来推进游戏，但它侧重于逼真的形体动作、火爆的打斗效果、优质的操作感以及复杂的攻击组合，不太重视剧情和情节，这是它与角色扮演类游戏的本质区别。

动作类游戏也经历了与其他类型游戏融合发展的过程，并由此分化出新的形态类型，例如动作冒险类、格斗类、动作射击类、动作型角色扮演类、音乐动作类。其中格斗类游戏因为成熟完备、自成体系，已经成为全新的游戏类型。格斗类游戏的全称是 Fighting Games，简称 FTG，通常是两个或者多个阵营对战，玩家可以使用各种格斗技巧击败对手获得胜利。代表作包括《街头霸王》系列、《VR 战士》系列等。

动作类游戏的平台包括家用游戏机和 PC。家用游戏机平台的经典动作类游戏有《马里奥兄弟》系列、《战神》系列、《怪物猎人》系列、《鬼泣》系列、《三国无双》系列、《鬼武者》系列、《忍者龙剑传》系列、《合金装备》系列、《横行霸道》系列、《恶魔城》系列、《洛克人》系列等；PC

平台的经典动作游戏包括《波斯王子》系列、《古墓丽影》系列、《刺客信条》系列、《雷曼》系列、《分裂细胞》系列等。

(三) 冒险类游戏(AVG)

冒险类游戏的全称是 Adventure Games,简称 AVG。这类游戏也是常见的游戏类型之一,它的关键词是"解谜"。虽然冒险类游戏跟角色扮演类游戏一样也有游戏剧情的设定,但其核心要素是破解谜题,侧重于探索未知、解决谜题,主要考验和锻炼玩家的洞察力和分析能力。

冒险类游戏的分支类型包括文字类冒险游戏、图像类冒险游戏、动作类冒险游戏、日系冒险类游戏、休闲解谜类游戏。其中动作类冒险游戏演化而来的恐怖类游戏以恐怖和惊吓为主要元素,具有强烈的临场体验感和感官刺激,从而获得了特定群体的拥趸,代表作品包括《生化危机》《寂静岭》等。此外日系冒险类游戏也具有鲜明的特色,情节曲折,引人入胜,文字优美细腻,文学性强,还往往有多个走向和结局,例如游戏《恐怖惊魂夜》就有多达 10 个剧本和 44 个结局,形成了日系冒险类游戏的鲜明风格。

冒险类游戏的代表作有《亚特兰蒂斯》系列、《猴岛小英雄》系列、《神秘岛》系列、《生化危机》系列、《寂静岭》系列、《零》系列、《鬼屋魔影》系列、《寄生前夜》系列、《古墓丽影》系列、《密室逃脱》系列、《大神》系列、《时空幻境》《机械迷城》《秋之回忆》系列、《樱花大战》系列、AIR、《传送门》系列等。

(四) 模拟类游戏(SIM)

模拟类游戏的全称是 Simulation Games,简称 SIM。这类游戏的关键词是"仿真",即模仿现实生活中的各种场景和实物,为玩家创造模拟现实的游戏体验,因此仿真程度越高游戏体验越真实。最初这类游戏主要是模拟玩家在现实生活不易获得的体验,例如飞行模拟、赛车模拟等,随着仿真技术和虚拟现实技术的发展,模拟类游戏通过在对象范围、仿真程度和模拟体验三个方面不断发掘,形成了模拟经营类游戏、模拟软件和模拟养成类游戏三个分支类型。

模拟经营游戏主要是在模拟对象方面极大拓展,模拟的对象包括企业、组织、城市甚至整个国家,经典的模拟经营游戏包括《模拟城市》系列、《模拟农场》系列、《模拟医院》系列、《工人物语》系列、《模拟游乐场》系列等。其中以《文明》为代表的模拟游戏,因为模拟的对象复杂,涉及面广,需要严密的逻辑思维和战略战术,从而发展成为新的游戏类型——策略类游戏。

模拟软件主要从提升模仿的真实程度入手,模拟现实生活中人们不易获取的体验,例如军事模拟软件、航天模拟软件等,代表作品有《模拟飞行》系列、《模拟民航》系列、《模拟航船》系列等,其中《闪电行动》《现代空战》等军事游戏还用于美国军方的模拟训练。

模拟养成类游戏又称为养成游戏,其核心要素是"养成",即玩家采用"上帝"视角,培养游戏中的虚拟角色直至其成功,代表作品有《模拟人生》系列、《美少女梦工厂》系列、《明星志愿》系列、《心跳回忆》系列和《兰岛物语》系列等。

(五) 策略类游戏(SLG)

策略类游戏的全称也是 Strategy Games,简称 SLG。这类游戏是最早的游戏形式之一,传统游戏中的中国象棋、围棋和国际象棋等项目都属于这一类型。策略类游戏给玩家提供一个运用逻辑思维、战略思维来处理复杂情况的环境,例如在战争状态下玩家扮演统治者来治理国家,通过控制游戏中的人、事、物,协调统筹来实现游戏设定的目标。严格来说,各种游戏类型都需要玩家运用一定的策略,但该类游戏突出了"策略"要素,对于逻辑思维、战略思维的依赖性比较高。

最初的策略类游戏从传统的模拟类游戏演化而来,其核心要素是"4E",即探索(Explore)、扩张(Expand)、开发(Exploit)、消灭(Exterminate)。游戏设计大师席德·梅尔的《文明》系列开创了策略类游戏的先河,但以《文明》为代表的传统策略类游戏的进程比较拖沓缓慢,损害了玩家的游戏体验,因此又产生了新的游戏类型——即时战略类游戏(Real Time Strategy Games,RTS),其特点就在于玩家的战略操作过程以即时的方式呈现,极大提升玩家的游戏体验。

传统策略类游戏的经典产品则有《文明》系列、《三国志》系列、《新长的野望》系列、《魔法门之英雄无敌》系列、《三国群英传》系列、《大航海时代》系列、《百战天虫》系列等。

RTS 类游戏产品的代表作包括《命令与政府》系列、《红色警戒》系列、《星际争霸》系列、《魔兽争霸》系列、《家园》系列、《帝国时代》系列、《战锤》系列、《横扫千军》系列、《要塞》系列、《国家的崛起》系列等。

(六) 射击类游戏(STG)

射击类游戏的全称是 Shooter Games,简称 STG。这类游戏从传统的动作游戏分化演变而来,区别在于射击类游戏特别强调"射击"元素,重注射击体验的快感和乐趣,其核心机制包括生命值、射程、精度、防守躲避和转向速度等。

射击类游戏最早依托街机平台,游戏规则也很简单,主要活动就是躲避、瞄准和射击。此后家用机平台也出现射击类游戏,例如诞生于 1987 年的日本射击类游戏《魂斗罗》,其八个方向的枪械弹药射击以及跳跃动作要素的配合开创了角色射击游戏的先河。但这些传统的射击类游戏移植到 PC 端后反应平平,直到三维射击游戏的出现才打破了这一尴尬局面,射击类游戏也由第三人称射击游戏演变为第一人称射击游戏。

第一人称射击游戏全称为 First Personal Shooting Games,简称为 FPS,是 PC 端的核心游戏类型之一,玩家以射击者身临其境的方式来体验射击带来的视觉冲击和快感,不仅引领了射击游戏的新风尚,而且带动了 3D 技术的发展。代表作品有《Quake》系列、《Doom》系列、《半条命》系列、《荣誉勋章》系列、《战地》系列、《使命召唤》系列、《彩虹六号》系列、《光晕》系列、《孤岛惊魂》系列、《英雄萨姆》系列等。

(七) 体育类游戏(SPG)

体育类游戏的全称是 Sport Games,简称 SPG。体育类游戏是以人们熟悉的专业体育赛事为主题的游戏类型,因为竞速类游戏已经发展为一门独立的游戏类型,所以以体育类游戏特指除了竞速类游戏以外的以体育赛事为主题的游戏,比较常见的是雪上游戏、篮球、高尔夫球、足球、网球、棒球等。

体育类游戏的优势在于不受场地的限制,让玩家在虚拟世界中体会专业体育竞技的乐趣,其硬件设备也不局限于鼠标、键盘和游戏手柄,还引入了赛车方向盘、自行车脚踏板、高尔夫球手柄等仿真游戏外设,依托平台也包括街机、家用机和 PC 平台。经典的游戏作品包括家用机平台的《实况足球》系列、《大众高尔夫》系列、《索尼克竞速》系列、《热血体育》系列、《马里奥网球》系列,以及 PC 端的 FIFA 足球系列、NBA 系列、《老虎伍兹高尔夫》系列、《托尼霍克职业滑板》系列、VR 网球系列、《职业棒球》系列、《疯狂橄榄球》系列等。

(八) 竞速类游戏(RCG)

竞速类游戏的全称是 Racing Games,简称 RCG。顾名思义,竞速类游戏是以速度竞赛为主题的游戏类型,从体育类游戏分化而来,又分为赛车类竞速游戏和非赛车类竞速游戏,其中赛车类竞速游戏是此类游戏的主流。

赛车类竞速游戏包括 F1 方程式赛车、拉力赛车、越野赛车、摩托车、自行车、卡丁车等,世界上最早的竞速游戏应该是美国雅利达公司 1976 年发行的《夜晚驾驶者》,这就是一款以汽车驾驶为主题的竞速类游戏。随着数量的增多,此类游戏又可以分为写实派赛车类竞速游戏和非写实派竞速类游戏。写实派游戏采用 1∶1 方式还原现实生活中的赛车和赛道,让玩家在完全模拟真实环境的情况下体验操控、动作以及物理反应,代表作品包括《GT 赛车》系列、《F1 方程式赛车》系列、《尘埃》系列、《极品飞车》系列等。非写实派赛车游戏的赛车和赛道是虚构的,并且根据需求呈现出不同风格,主要着眼于驾驶的速度感和流畅感,同时吸收了其他类型游戏的元素,例如道具争夺、武器对决等,从而增加游戏的趣味性,代表作品有《超级马里奥赛车》《跑跑卡丁车》等。

(九) 益智类游戏(PUG)

益智类游戏的全称是 Puzzle Games,简称 PUG。这也是一种传统的游戏类型,以小游戏居多,玩家运用逻辑推理能力来解决游戏关卡中设置的各种障碍和困难,因为体量小、耐玩度高而受到广泛欢迎。《2018 年中国移动游戏行业研究报告》显示,休闲益智类游戏的渗透率、下载率和游戏时长都居于各类游戏产品首位,是最受欢迎的游戏类型。这类游戏的代表产品有《俄罗斯方块》《蜘蛛纸牌》等。

(十) 音乐类游戏(MUG)

音乐类游戏的全称是 Music Games,简称为 MUG。这类游戏主要考验玩家的节奏感和手眼的配合,玩家控制键盘、游戏手柄或者拟真乐器并配合音乐和节奏做出相应动作,如果动作与节奏吻合度高即可得分,反之则要扣分。音乐类游戏将音乐与游戏紧密结合在一起,也因为音乐要素受到广泛欢迎,代表产品有跳舞机、《初音未来:歌姬计划》等。

(十一) 卡牌类游戏(CG)

卡牌类游戏的全称是 Card Games,简称 CG。这类游戏起源于中国古代的"叶子戏",后来传到欧美国家并且出现了集换式卡牌游戏,即 Trading Card Game,简称 TCG。TCG 游戏最初为桌面游戏,构建了成熟的规则体系,后来转移到 PC 端并且广为流传。经典作品有《游戏王》《万智牌》《三国杀》《智迷龙城》《大掌门》《百万亚瑟王》等。

任务实施

1. 根据任务导入的材料,梳理历年 TGA 获奖游戏名单。

2. 分别登录安卓应用商店和小米应用商店,整理下载排名前十的游戏,指出这些游戏属于什么类型。

○ 任务三 游戏产品的构成要素

任务导入

一个有效的主题需要尽可能地明确,有目标性。比如,"战争"就是一个过于宽泛的主题。这个游戏是要描述战争的可怕性,还是表达战士的荣耀呢? 这两个不同的主题有一些非常重要的差异,决定了其在设计实现上的重大不同。一个描述战争的可怕性的游戏要强调的是平民的伤亡,创伤后遗症的煎熬,以及其他战争带来的消极的体验。一个表达战士的荣耀的游戏则要侧重于英雄主义的行为,无私的奉献、爱国主义以及成就。如果把这些主题的相关元素混合在一起,后果是不堪设想的。例如,如果给描述战争的可怕性的游戏配上表达战士荣耀的配乐——热烈、向上,充满爱国情怀,其结果就是让人觉得你在赞美这个恐怖而忧伤的场景。这不仅未能展现战争的可怕性,还可能会让玩家感到困惑甚至激怒他们。

——温迪·德斯佩恩《游戏设计的 100 个原理》[①]

知识准备

一 游戏规则

电子游戏是由不同的规则构成的体系,规则是游戏的本质特征和主要特征之一。玩家

---

① [美]温迪·德斯佩恩. 游戏设计的 100 个原理[M]. 肖心怡译. 北京:人民邮电出版社,2015:118.

只有尊重游戏规则,才能在游戏体验中获得"从心所欲不逾矩"的审美和情感体验。一款成功游戏的规则应该是简单易懂而难以精通,容易上手、玩法多样却又需要仔细揣摩。尽管不同类型、不同载体的游戏存在诸多不同的规则,但电子游戏产品存在一些通用的规则需要大家了解。

(一)空间载体

所有的游戏都需要一定尺度的空间载体,例如传统棋类项目的棋盘、球类比赛的球场,电子游戏的空间载体通常为一个方形、圆形以及不规则的二维空间。

(二)时间控制

游戏本质上讲是一种休闲活动,现代游戏产品主要是供玩家打发余暇时间,因此在时间控制方面需要有一定的设计,不同的游戏适用于不同的休闲主体和休闲情境,花费的游戏时长也会呈现出较大差异。例如益智休闲类游戏主要是针对玩家的零碎时间,所以游戏时长比较短。数据显示,在 iOS 和 Android 平台上的游戏玩家平均时长为6—11分钟。与之相对应,著名的模拟类游戏《文明》系列以"消磨时间"见长,通常一局游戏需要耗费7—8个小时。因此,游戏产品的时间控制也是产品设计之初就要考虑的规则之一,根据产品的定位来设定游戏时长也是基本常识之一。

(三)目标实现与难度控制

目标和任务是游戏的另一个核心要素,一个游戏通常是由一系列任务和目标来构成的,玩家通过完成一个又一个目标来推进游戏进程。这些目标不是平行的,往往是难度依次递增的,完成了难度较低的目标和任务就会进入高一级难度的目标和任务,玩家由此不断升级,实现从新手到英雄的最终目标。为了增加趣味性和耐玩性,游戏往往在主线任务目标之外设置支线任务目标;为了让玩家顺利完成目标任务,游戏还会给出各种提示和线索。一款好的游戏,应该是目标任务明确、难易程度适中、奖惩规则明确的游戏。

(四)奖惩系统与资源循环

游戏的另一个显著规则就是奖惩系统,玩家完成或者未完成某个目标任务之后通常会获得相应的奖励或惩罚,这也是游戏魅力之一。奖励的形式是多种多样的,可以是无形的称赞、音乐、加分、升级,也可以是"有形"的物品,例如金钱、装备、游戏时长等;惩罚则正好相反。同时奖励还可以分为确定性奖励和不确定奖励,确定性奖励是指玩家在实施某个行为之前确定知道成功之后会获得什么奖励,不确定性奖励是指玩家完成某个任务后获得的奖励是随机的,例如以开启宝箱或者掷骰子的形式决定奖励。奖惩系统往往涉及游戏内的资源,例如自拟的金钱和游戏装备等,这些资源与现实社会一样是有限的,因此采用何种方式让资源实现良性循环也是游戏产品需要考虑的重要问题。

(五)公平性、均衡性与随机性

公平性是指游戏规则面前人人平等,游戏不能对玩家作弊。游戏作弊的现象并非偶然,

"如果一个游戏的难度在逐步提高的过程中突然出现一个大的飞跃,会被玩家认为不公平——事实上这也确实不公平。游戏的难度应该平稳地逐渐上升,这样玩家才不会觉得被欺骗或受到不公正的待遇"。公平性包含的内容十分广泛,同时也非常重要,如果玩家觉得受到了欺骗,就会退出游戏。

与之相对应,公平性之外还要考虑均衡性,也就是游戏通过一定的方式让玩家水平处于比较均衡的状态,否则会因为实力悬殊而让新手产生挫败感,高手产生无聊感。

随机性也是游戏的基本规则之一,这是对概率的运用,可以为玩家带来意外和惊喜。游戏规则往往是理性的规则,随机性则在理性之外改变或调节游戏的节奏,例如《太空侵略者》游戏中偶然飞过的飞行物。

二　游戏叙事

在西方国家,电子游戏最初被视为一种与电影、文学作品相同的叙事"文本",研究者往往运用传统的文本叙事研究方法来剖析电子游戏,但电子游戏与传统的叙事文本存在本质区别,除了在动画、图片、声音、对话、旁白和游戏规则等方面与传统叙事文本有所差异之外,最本质的区别在于电子游戏是一种"互动叙事",这种互动包括玩家与游戏作品之间的向内互动、玩家与玩家之间的向外互动、玩家与虚拟社区的群体互动三个维度。从游戏叙事本身来看,其主要内容包括游戏主题和游戏剧情。

(一) 游戏主题

任何一款游戏产品都应该有明确的游戏主题,主题是游戏所要传达的中心思想或核心概念。例如《愤怒的小鸟》的开场动画就表达了环境保护的主题,《文明》系列的主题是探索、扩张、征服、发展。游戏主题是游戏的灵魂,游戏的其他元素都要围绕主题来设计安排,例如设计师要加入新的功能的前提是该功能要服从于、服务于游戏主题,呼应、强化主题,而不该削弱主题,甚至与主题相违背。

(二) 叙事结构

叙事结构是指故事讲述的方式,传统的艺术作品的叙事结构分为线性叙事和非线性叙事,游戏的叙事结构除了线性叙事和非线性叙事之外,还出现了碎片化叙事。

线性叙事是指游戏只有一条主线,游戏的情节或关卡沿着这条主线展开,呈现出时空统一、单一结构、单一线索的特征,可以是正叙、倒叙、插叙。线性叙事是当前游戏叙事最为常见的结构,这种结构逻辑完整、剧情连贯、通俗易懂,从而为广大玩家所接受。

非线性叙事的设计比较复杂,可以是多线索的、多视角的、多时空的,从而呈现出多重线索、多重结局、时空混乱、强偶然性等特征。常见的非线性叙事结构包括单视角多线索、多视角、乱叙、多重时空、套层结构、环形结构、重复叙事等。

碎片化叙事成为近年来游戏作品青睐的叙事结构,游戏设计者将游戏故事碎片精心设置,玩家在正常的游戏过程中无法获得一个可以理解的故事,而需要在后续探索,挖掘场景、怪物、物品道具所隐含的信息才能得到一些剧情的线索。这种叙事结构具有开放度高、互动性好、成本低等特点,代表作品包括《黑暗之魂》系列、《只狼》等。

<h2>三　游戏关卡</h2>

游戏关卡对应的英文单词是"level",玩家打游戏的过程就是追求"level up"即提高、升级的过程,因此游戏关卡可以理解为游戏单元或者游戏节点,是游戏空间环境、道具、机关以及敌对角色的总称。游戏玩家挑战一个个任务,每个任务就是一个关卡,通过一个关卡会进入新的关卡,直至最后"通关"。游戏关卡在游戏发展的初期是游戏的主体内容,随着游戏类型的不断丰富和游戏方式的变迁,游戏关卡已经不能涵盖游戏的全部内容,但游戏关卡至今仍然是游戏重要的组成部分和呈现方式。

(一) 游戏关卡的类型

根据设置的目的和难易程度,游戏关卡可以分为新手关卡、标准关卡、Boss 关卡和额外关卡。[①]

新手关卡,顾名思义,就是给游戏的新加入者熟悉游戏、练手而专门设计的关卡。新手关卡往往是游戏的最初一个或几个关卡,伴以解释性文本或提示,难度也比较低,让玩家在熟悉游戏的同时能够顺利过关。需要注意的是,新手关卡的惩罚措施会比较低,主要目的是给新手熟悉游戏并且不会因为难度过高而退出游戏。

标准关卡是游戏的核心内容,通常根据难易程度呈线性或非线性排列。在线性排列的关卡里,玩家只能通过了低一级关卡之后再挑战高一级关卡;在非线性排列的游戏里,关卡被设置为 Easy、Normal、Hard、Very Hard 等,玩家可以根据自身需要自由选择关卡。无论是哪一种类型,游戏关卡都应该具备运行流畅、难度合理、简洁有序的特点。

Boss 关卡往往是指游戏最终的、难度最大的挑战或任务,在传统角色扮演类游戏里,Boss 通常是能力最强大的敌人,而在其他类型的游戏里,Boss 可以是比标准关卡难度高的解谜,或者是非常紧张刺激的逃脱。从游戏叙事的角度来说,Boss 关卡应该是游戏的高潮部分,应该给玩家带来最刺激、印象最深刻的游戏体验。

额外关卡通常指奖励关卡和隐藏关卡,这些关卡独立于游戏主线之外,不会影响游戏主线的正常推进。奖励关卡会给玩家一些额外的分数或虚拟货币作为奖励,同时几乎没有危险性,主要是增加游戏内容的纵深感和趣味性;隐藏关卡需要玩家以某种方式激活或者发现,玩家在隐藏关卡可以收集一些特殊道具或者消耗品,也有可能会遇到强有力的敌人,其作用除了给玩家意外惊喜,还可以起到积累经验值和分数从而达到升级的作用。

---

① 李茂. 游戏艺术:从传统到现代的发展历程[M]. 北京:清华大学出版社,2019:68.

（二）游戏关卡的布局结构

游戏设计者在设计游戏关卡的时候,通常会采用开放式布局、线性布局、平行布局、环形布局、网络布局、星形布局、组合布局等。这些关卡的布局结构与游戏叙事结构相适应,线性叙事与线性布局结构结合是标配,非线性叙事与其他游戏关卡布局结构组合,可以出现多种结果。

任务实施

1. 结合任务导入的材料,谈谈自己熟悉的 3 款游戏的主题。

2. 以《王者荣耀》为例,谈谈游戏的规则。

3. 以当下流行的 5 款游戏为案例,谈谈它们的叙事结构,画出它们的关卡布局结构,并指出叙事结构与关卡布局结构之间的关系。

项目二
游戏产品市场

项目概要

游戏产品市场主要指游戏产品厂商的经营情况,根据区域范围分为国际市场和国内市场。了解国内外市场的现状与趋势,掌握产品市场的数据和信息,对游戏运营人员有针对性地制定产品运营计划与方案具有重要作用。本项目在介绍市场、游戏市场概念的基础上,总结了近年来国际市场和国内市场的总体规模、细分市场的发展状况等,让读者对游戏产品市场有一个整体的认知和把握。

知识目标

1. 了解市场、细分市场的概念。
2. 熟悉国内外市场的发展现状。
3. 掌握游戏产品市场的概念。

能力目标

1. 能够查阅游戏产品市场的数据与信息。
2. 学会对游戏产品市场进行分析。

◎ 任务一 游戏产品市场分析

任务导入

功能游戏是指不以娱乐为首要目的,结合了多种不同的应用领域与场景,突出功能性和应用性,同时还保留传统游戏本质特征的游戏类型。2009 年我国第一届严肃游戏创新峰会在北京举行时,严肃游戏的概念才首次在国内被确立。十余年间,我国文娱产业发展迅猛。随着网络技术的发展与智能移动终端的普及,消费者的娱乐需求不断向线上转移,游戏市场受多方面红利催动得到了快速发展。近年来,游戏市场在产品上的竞争日益激烈,游戏企业不断多维度寻找发展机会,在此背景下,越来越多的游戏企业在功能游戏方向上展开了探索。此外,国家在政策上也开始推进网络游戏转型升级,提出了鼓励企业发展功能游戏的政策态度,这也促进了更多企业迈入这一领域。截至 2020 年 6 月,国内功能游戏已产出《家国梦》《见》《佳期》《极客战记》等较多高人气产品,涵盖教育、文化传播、技能学习等多重领域。从国内已上市的游戏企业来看,已布局功能游戏的游戏企业(有已知产品或有公开信息显示其投资布局的企业)数量占比仍很少,但其中头部企业,如腾讯游戏、网易游戏、三七互娱、盛趣游戏等已经积极布局,并且已有一定相关产品产出或代理发行的动作。头部游戏企业的布局必将带来较多的优势资源进入功能游戏领域,而随着功能游戏爆款产品的出现,功能游戏领域将会产生更多积极介入的中小游戏企业及初创类企业。

(资料来源:根据中娱智库(Entbrains)发布的《2020功能游戏产业报告》整理)

知识准备

一 市场与市场细分

西方经济学中,市场是指从事某一种商品买卖的交易场所(有形)或接触点(利用现代化通信工具进行商品交易,无形)。根据不同的标准,市场可以划分为不同的类型,例如按照区域范围来划分可以分为国际市场和国内市场,按照市场主体来划分可以分为消费者市场、生产商市场、中间商市场和政府市场等。市场营销学从企业的微观视角出发,将"市场"界定为企业的顾客群体,例如市场细分、目标市场等概念中的"市场"都是指特定的消费者群体。需要注意的另一个概念是行业,行业是指为同一个商品市场生产和提供产品的所有厂商的总体。它在某种程度上等同于生产商和中间商市场。

市场细分是指营销者通过市场调研,依据消费者的需要和欲望、购买行为和购买习惯等方面的差异,把某产品的整体市场划分为若干消费者群体的市场分类过程,每一个消费者群就是一个细分市场,每一个细分市场都是由具有类似的需求倾向的消费者构成的群体。[①] 例如,游戏产品市场可以根据地理位置分为国际市场和国内市场,根据游戏载体的不同可以分为客户端游戏市场和移动游戏市场,根据游戏的功能可以分为功能游戏市场、娱乐游戏市场等。

二 游戏产品市场

此处游戏产品市场主要指游戏产品厂商的经营情况,根据区域范围分为国际市场和国内市场。

(一)国际市场分析

《全球游戏市场报告2020》显示,2020年世界游戏市场总规模约为1749亿美元,较2019年剧增19.6%,主要原因为2020年流行病防控,居家带来的大量玩家。其中细分数据显示,

---

① 张俊、周永平.市场营销:原理、方法和案例[M].北京:人民邮电出版社,2016.

移动游戏市场 2020 年规模达到 863 亿美元,较 2019 年剧增 25.6%;而 PC 市场增长比例为 6.2%,明显缓慢,总规模为 374 亿美元;家用机市场依然涨势强劲,总规模为 512 亿美元,较 2019 年增加 21%。①

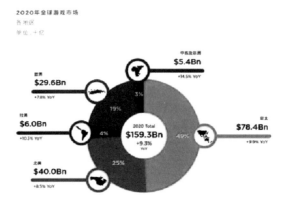

图 2-1   2020 年全球游戏市场收入示意图

从全球范围来看,亚太地区 2020 年的游戏收入达到 784 亿美元,同比增长 9.3%,几乎占全球游戏收入的一半,位居全球第一;北美地区的游戏收入达 400 亿美元,同比增长 8.5%,占全球游戏收入的四分之一,位居全球第二;欧洲地区的游戏收入达 296 亿美元,同比增长仅为 7.8%,占比不足全球游戏市场的五分之一,位居全球第三;拉美地区的游戏收入达 60 亿美元,同比增长为 10.3%,占全球游戏市场的百分之四;中东和非洲地区的游戏市场收入达 54 亿美元,同比增长为 14.5%,同比增长速度最快,占全球游戏市场的百分之三。②

从游戏行业发展的历史来看,因为北美和欧洲市场已经进入了成熟期,其增速相对较低,而中东和非洲地区、拉丁美洲地区作为新兴市场,其增速较快,均超过了 10%。

(二) 国内市场分析

中国国内的游戏市场可以从总体状况、细分市场来考察其现状。

首先是总体状况。2020 年中国游戏市场实际销售收入达 2 786.87 亿元,同比增长 20.71%。中国游戏市场连续 5 年增长。2020 年中国游戏用户数量达 6.65 亿人。③

其次是细分市场。第一是移动端游戏市场和客户端游戏市场。2020 年移动端游戏市场实际销售收入达到 2 096.76 亿元,比 2019 年增加了 515.65 亿元,同比增长 32.61%;移动游戏市场的实际销售收入占比高达 75.20%。2020 年中国客户端游戏市场实际销售收入

① 角川调研发布世界游戏市场大数据 2020 年总规模剧增 19.6%［EB/OL］. https://new. qq. com/omn/20201118/ 20201118A0GLA200. html. ［2021－12－17］.

② 2020 全球游戏市场报告:全球游戏市场将达 1593 亿美元的收入［EB/OL］. https://www. 163. com/dy/article/ FVQGOSRE0511A3UP. html. ［2021－12－17］.

③ 2020 年度中国游戏产业报告发布:中国自主研发游戏表现突出［EB/OL］. https://baijiahao. baidu. com/s? id= 1686312443614674709&wfr=spider&for=pc. ［2021－12－17］.

559.2亿元,其中网页游戏市场实际销售收入仅为76.08亿元,比2019年减少了22.61亿元,同比下降22.9％,同比增速呈现逐年下降的趋势。网页游戏产品开服量减少,整体市场持续下降。①

第二是中国自主研发游戏市场。2020年中国自主研发游戏国内市场实际销售收入为2401.92亿元,比2019年增加了506.78亿元,同比增长26.74％。作为中国本土游戏公司的另一重要市场,2020年自主研发游戏在海外市场的收入同比增长33.25％,实际销售收入达154.50亿美元,约合人民币1009亿元。其中,来自美国的收入占比最高,达到了27.55％,日本的收入占比为23.91％,韩国收入占比为8.81％。在全球不同国家和地区,有相当数量的国产游戏进入了下载榜或畅销榜头部,甚至出现获得"全球最大移动应用平台年度游戏荣誉"的精品力作。从地区分布上看,美、日、韩仍是中国自主研发游戏的主打市场,营收合计占海外总收入的60.27％。②

第三是电竞游戏市场。其营收从2019年的947.27亿元增长至2020年的1365.57亿元,增加418.3亿元,同比增长44.16％,已连续6年保持增长态势。2020年,电竞游戏用户达4.88亿,同比增长9.65％,用户数量保持稳定增长。

第四是功能游戏市场。当前国内功能游戏用户仅有0.26亿人,2019年功能游戏市场收入为6.31亿元,预计2022年将达到13.48亿元。③

任务实施

1. 请根据市场细分的概念,谈谈游戏产品市场有哪些细分市场。
2. 请谈谈移动游戏市场持续增长的原因。

○ 任务二　游戏产品市场结构

任务导入

腾讯游戏成立于2003年,是全球领先的游戏开发、运营和发行平台,也是中国最大的网络游戏社区,致力为玩家提供优质的互动娱乐体验。根据App Annie数据显示,按2019年iOS及Google Play综合用户支出计算,腾讯成为全球第一大移动应用发行商。

目前,腾讯游戏旗下拥有超过140款自研和代理游戏,为全球200多个国家和地区数以亿计的用户提供跨终端的互动娱乐体验。腾讯游戏联动其在文学、动漫、影视领域

---

① 2020年度中国游戏产业报告发布:中国自主研发游戏表现突出［EB/OL］. https://baijiahao. baidu. com/s? id = 1686312443614674709&wfr = spider&for = pc. ［2020 - 12 - 17］.
② 同上.
③ 中娱智库. 2020功能游戏产业报告［EB/OL］. http://zhuimeng. qq. com/web201912/report-details. html? newsid = 11740548. ［2020 - 7 - 30］.

的丰富跨媒体 IP 资源,打造优质的游戏体验。

腾讯游戏亦致力于用游戏的方式服务社会,力求在游戏中探索更多的社会价值;同时,携手行业伙伴及用户打造健康游戏生态。多年来,作为腾讯游戏积极探索游戏业务崭新生态的发行平台 WeGame 坚持上架大量优质国产游戏,成为国内众多单机、联机或网游开发团队在产品发行渠道上的首选。2020 年 WeGame 不仅同时带来《轩辕剑柒》《霓虹深渊》《武侠义贰:浪迹天涯》等三款国产新作,而且这三款游戏完全分属不同题材、不同风格和不同形态,也可以看作是 WeGame 多年来为心怀梦想的中国开发者提供全方位支持的一个缩影。

(资料来源:根据网络资料整理)

知识准备

一　市场结构及类型

市场结构是指市场的构成。任何市场都由供给和需求双方构成的,微观经济学从供给方即厂商角度出发,根据竞争程度的高低将市场结构划分为完全竞争市场、垄断竞争市场、寡头竞争市场和完全垄断市场四种结构,其竞争性依次递降,垄断性依次递增。其决定因素主要包括厂商数量、产品差异程度、单个厂商对市场价格的控制程度以及厂商进入或退出一个行业的难易程度四个方面。这四种市场结构的特征和区别如下表所示:

表 2-1　四种市场结构的特征及异同一览表

市场类型	厂商数量	产品差异程度	单个厂商对市场价格的控制程度	厂商进出行业的难易程度
完全竞争市场	很多	完全无差别	没有	很容易
垄断竞争市场	很多	有差异	有一些	比较容易
寡头竞争市场	很少	有差别或无差别	相当程度	比较困难
完全垄断市场	唯一	唯一产品且无替代产品	很大程度,经常受管制	很困难,几乎不可能

二　游戏产品市场的结构类型

大多数经济学家认为无论哪个行业,完全垄断和完全竞争都属于极端情况,在现实社会中极为罕见,大多数市场都是以某种程度的、不完全的竞争为特征。根据游戏产品市场的现状可以判断,游戏产品市场的结构类型呈现出较为明显的垄断竞争市场特征,即存在许多厂商并且新进入的厂商没有进入壁垒,厂商之间通过生产或提供有差别的产品进行竞争,产品之间都是高度可替代的但又不是完全可替代的。我们可以从厂商数量、产品差异程度、单个厂商对市场价格的控制程度以及厂商进入或退出行业的难易程度四个方面来分析一下游戏产品市场。

首先是厂商数量。我国目前约有 26 万家企业名称、经营范围或品牌名称含"游戏"，且企业状态为在业、存续、迁入、迁出的企业。据不完全统计数据，近十年以来，我国游戏相关企业（全部企业状态）的年度注册增速呈波动上涨态势，2017 年增速到达高峰，为 21.95％，2019 年全年新增游戏相关企业超 6.5 万家，为历史新增数量最多的年份。从行业分类上看，43％的游戏相关企业为信息传输、软件和信息技术服务业，20％为文化、体育和娱乐业。值得注意的是，我国近六成的相关企业注册资本在 200 万以下。

其次是产品差异程度。游戏产品属于数字文化产品，其独创性和差异性是产品的灵魂，我国实施游戏产品版号审批制度，主要目的就在于整治游戏抄袭、山寨、粗制滥造、内容违法违规等乱象。游戏企业也非常重视品牌塑造，例如腾讯的游戏产品从最初的单一的棋牌类发展为今天的产品金字塔，逐渐成为全球规模最大的游戏研发和发行商，共向全世界推出了 480 款游戏作品，为全世界 200 多个国家以及地区的 8 亿用户提供服务，其中包括《英雄联盟》《王者荣耀》《PUBG Mobile》《和平精英》《使命召唤手游》等风靡全球的现象级游戏。值得注意的是产品抄袭现象，例如暴雪娱乐、上海网之易网络科技发展有限公司诉上海游易网络科技有限公司的游戏《卧龙传说：三国名将传》抄袭《炉石传说：魔兽英雄传》案等，行业内比较典型的案例。

再次是单个产商对价格的控制程度。游戏产品与一般商品不同，它大体经历了收费游戏和免费游戏两个阶段，收费游戏又分为内容收费和时间收费两种模式，免费游戏则包括 P2W（Pay to Win）、开箱模式、限制玩家游戏套路和战斗通行证等。目前为止，收费游戏和免费游戏都是游戏产品的盈利模式，单个厂商对于游戏产品价格的控制程度比较弱，而且产品盈利的关键在于游戏的品质。按照国内的免费游戏标准，付费玩家的比例大多不超过 5％，市场渗透率比较高的游戏比如《英雄联盟》或者《王者荣耀》则能达到 20％左右，采用战斗通行证付费模式的《堡垒之夜》付费率则能达到了 68.8％，因此越来越多的游戏开始采用战斗通行证的付费模式。付费模式的迭代体现了游戏产品行业理念的更新，厂商要获得高额利润唯有不断提升产品质量。

最后是厂商进入或退出行业的难易程度。2019 年，全国新增游戏相关企业共 6.55 万家，同比增长 19％。2020 年上半年我国新增游戏企业超过 2.2 万家，日均新增量达到 122 家。新增企业数量已远超 2018、2019 年全国注销、吊销的游戏公司数量。2018 年，全国注销、吊销的游戏公司数量为 9 705 家；到了 2019 年，这个数字增长到了 18 710 家。从这些数字可以看出，游戏企业进入和退出游戏行业非常频繁，再次证明游戏产品市场属于垄断竞争市场。

值得关注的是，游戏产品行业的两极分化愈加明显。《2019 年上市游戏企业竞争力报告》显示，截至 2019 年 7 月 31 日，国内共有 198 家游戏企业上市，较 2018 年底增加 3 家，各个证券市场仍有 10 余家游戏企业排队上市。综合企业财务指标、产品状况、业务体系及风险因素等四个方面,报告筛选出八家竞争力企业,分别为腾讯、网易、世纪华通、完美世界、三七互娱、吉比特、网龙网络、创梦天地,这八家竞争力企业在游戏市场中占据主体地位,其收入占据中国游戏市场的近八成,行业集中度在进一步提升。

任务实施

1. 请结合市场结构的四个要素,谈谈全球游戏产品市场的结构模式。
2. 请选择当下流行的两个游戏产品谈谈其品牌定位。

◎ 任务三　游戏产品市场定位

任务导入

2019 年,知名美妆品牌 M·A·C 魅可与热门手游《王者荣耀》进行了联名,共同推出系列定制口红。双方达成 IP 跨界营销的前提是两者目标人群契合度较高:《王者荣耀》面向大量的年轻用户,其中女性用户规模达到了 54%,与 M·A·C 品牌消费者贴合。此外,自带"流量属性"的《王者荣耀》在 2018 年的 IP 价值就已突破 300 亿,而 M·A·C 自从被雅诗兰黛集团收购后,通过进一步升级打造和传播,现也已成为全球闻名的中高端专业美妆品牌,二者 IP 价值可见一斑。合作采取"产品融合"推出限量联名口红的方式。选择推出该类产品的原因是,该品类在中国本土市场更容易被大众接受,且口红跟《王者荣耀》游戏中女性人物的个性和特征更适配,便于实现美妆品牌调性与手游设计精髓的真实还原。首先,品牌在线上发起"吻住,我们能赢"活动,《王者荣耀》选用游戏热门的五位女英雄,分别代表不同性格特征的女性,推出贴合其形象的口红色,每支口红还针对不同对象提出差异化理念。为保证关注度,合作特别选用当期人气火爆的女团"火箭少女 101"中五位成员作为代言人,在线上线下发布相关活动及投放广告宣传,引领一场消费热潮。

（资料来源:手游与美妆品牌 IP 跨界营销策略思考——以"王者荣耀限量联名口红"为例）

知识准备

一　市场定位

市场定位又称为"营销定位",是指企业根据竞争者的产品在细分市场所处的地位和顾客对产品某些属性的重视程度,塑造出本企业产品与众不同的、鲜明的特色或个性,并传递给目标顾客,使该产品在目标顾客心中占有一个独特的位置。菲利普·科特勒认为市场定位就是公司设计出自己的产品和形象,从而在目标顾客中确定其与众不同的、有价值的地位。"与众不同"使产品与竞争产品有明显的差异,有独特的个性;"有价值"指为了达到定位的有效性,产品与目标顾客的需求相吻合。所以定位不仅要考虑产品差异,还要考虑市场的需求。

市场定位的步骤有三步:一是调查研究影响市场定位的因素,确认目标市场竞争优势;二是选择自己的竞争优势和适当的定位战略;三是准确地传播企业的定位观念。市场细分大致经历了大量营销、产品差异化和目标营销三个阶段。

二　游戏产品市场定位——以游戏《三国 XX2》为例

游戏《三国 XX》是 FY 公司研发的一款以三国历史故事为主题的横版动作角色扮演移动游戏,该游戏于 2014 年 10 月 19 日在腾讯平台推出后居于 App 收入榜榜单第一名一个月之久,游戏总产值达 15.4 亿元,累计注册玩家 2 374 万,并且在 2013、2014、2015 年先后获得游戏工委颁发的"年度十大最受欢迎移动游戏"等多个奖项。但 2015 年该游戏收入达到峰值后,其 MPU(月付费用户)持续大幅下降,在这样的背景下,游戏公司决定推出《三国 XX2》作为动作角色扮演类移动游戏自主发行的首款产品,并且开展了市场细分、目标市场选择、市场定位等一系列工作。

(一) 市场细分与目标市场选择

《三国 XX2》的目标玩家群体,是原 IP《三国 XX》游戏的核心玩家,这个群体 70% 为男性,46.28% 的玩家年龄集中在 25—36 岁之间,大专学历的玩家占比达到 39.62%,绝大部分玩家位于地级以上城市且开通了手机上网,月均收入大约为 4 587 元。

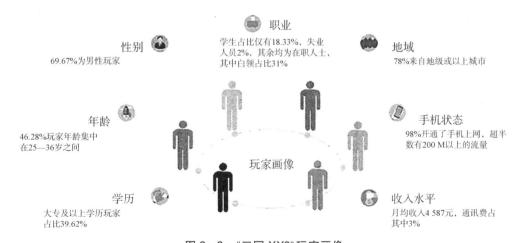

性别
69.67%为男性玩家

职业
学生占比仅为18.33%,失业人员2%,其余均为在职人士,其中白领占比31%

地域
78%来自地级或以上城市

年龄
46.28%玩家年龄集中在25—36岁之间

手机状态
98%开通了手机上网,超半数有200 M以上的流量

玩家画像

学历
大专及以上学历玩家占比39.62%

收入水平
月均收入4 587元,通讯费占其中3%

图 2-2 《三国 XX2》玩家画像

---

① 本案例改编自:李东君. FY 公司动作角色扮演类移动游戏营销策略研究——以产品《三国 XX2》为例[D]. 厦门:厦门大学,2018 年.

从游戏经历的角度来看,该游戏的目标用户群体是动作角色扮演类游戏的客户端游离者和移动端新进入者;从游戏心理诉求来看,寻求格斗刺激、组队任务、个性英雄、轻松游戏的玩家均为《三国XX2》游戏的目标市场。

(二) 市场定位

《三国XX2》是FY公司继《三国XX》成功之后发行的首款动作角色扮演类移动游戏,如何再创辉煌,与精准的市场定位有重要关系。

1. 品牌定位

FY公司历年来出品的网络游戏都赢得了亮眼的营收业绩,也收获了玩家的口碑,获得了业界众多奖项荣誉,"FY出品,必属精品"已成为业内共识,《三国XX2》这款产品将加强与FY公司的关联,突出精品游戏的概念,强调是FY公司自研自发的首款精品三国题材动作角色扮演游戏。

2. 产品定位

《三国XX2》的特色在于以三国IP的效应激发各目标市场玩家的经典怀旧情结,产品定位为"打造移动端最好的三国无双手游"。畅快的打击感和独一无二的格斗体验将是这款产品最有别于其他竞品的特色之一。还有极致的无双战斗体验、高自由度的游戏系统、强交互的玩法设计、独创的动作格斗与策略类游戏的融合。

创新是这款产品有别于其他竞品的最大特色,争取成为喜爱三国题材、格斗刺激玩家们的首选。

任务实施

1. 请结合任务导入的资料谈谈《王者荣耀》与美妆品牌M·A·C魅可联合营销的基础是什么。

2. 请根据市场定位的理论谈谈游戏《原神》的市场定位。

项目三
认识游戏产品运营

项目概要

游戏产品运营是指把游戏产品推向市场,并且通过用户运营、内容运营、活动运营、渠道运营等产品运作和营销手段,使消费者了解游戏、入驻游戏并且持续付费的过程,以此达到延长游戏产品生命周期、提高游戏收入的目的。本项目通过介绍游戏产品运营的概念、任务以及每项任务的工作内容,使学生认识到运营团队的岗位职责及工作内容。

知识目标

1. 了解游戏产品运营的概念与核心任务。
2. 熟悉游戏运营岗位需求。
3. 掌握各项任务的工作内容与重点。

能力目标

1. 学会用户画像等方法,能够进行用户调研。
2. 学会内容创作与文案撰写,能够内容输出与管理。
3. 学会不同类型渠道的特征,能够与渠道顺畅沟通。
4. 学会不同类型活动的特征,能够策划实施各类常规活动。

◎ 任务一　游戏产品运营

任务导入

从事游戏运营工作是怎样一番体验?①

甲:工作时间看公司,笔者是属于手游渠道方的游戏运营,日常早九晚六,偶尔加班。很多游戏公司加班是逃不了的,尤其是节假日。有趣的事:①你可以接触到游戏从立项到发行上线的各个环节;②可以接触到各种游戏,玩游戏的时候福利权限多,是玩家眼里的上帝;③当你看到身边有人玩自己负责运营的游戏,会有莫名的自豪感;④把某款游戏数据做得十分漂亮,然后和行业好友互吹。辛苦的事:①要经常和商务、美术、策划、程

---

① 知乎问答:从事游戏运营工作是怎样一番体验? [EB/OL]https://www2.zhihu.com/question/291078785. [2023 - 12 - 8].

序、产品相关人员协调沟通;②没有节假日,经常加班;③数据KPI完成不了可能会被老板问责。

乙:刚好在国内较大的游戏发行公司上班,做运营工作。其实运营是非常有趣的工作,本质上还是要热爱游戏,对你所负责的游戏有着非常深刻的了解,只有这样你才能了解客户需求。游戏运营区别于游戏开发,它最大的特点是更接近用户,这里并不是说开发是闭门造车,其实很多情况下都是合作前进、互补互助的,这是一个整体。细节分工上,对运营的要求更多的是接触、了解、服务用户,并将用户需求反馈给研发,以便提供更好更优的产品。

丙:游戏运营分很多种,包括用户运营、平台运营、渠道运营、新媒体运营、活动运营等,反正做游戏运营知道和会做的东西要很多很多。沟通交流、理解能力要强些,身体素质要好些(因为加班和长时间工作比较)。其实主要看你入职的公司属于哪种类型的公司,比如游戏研发、发行,还是渠道或者是平台,每个类型的公司中游戏运营干的事情都不太一样。

知识准备

一　游戏运营①

游戏运营是指把游戏产品推向市场,并且通过用户运营、内容运营、活动运营、渠道运营等产品运作和营销手段,使消费者了解游戏、入驻游戏并且持续付费的过程,以达到延长游戏产品生命周期、提高游戏收入的目的。

二　游戏运营的核心任务

(一) 延长产品生命周期,提高用户黏性

根据产品生命周期与市场调研结果,制定版本计划。因为一线运营人员掌握了游戏现存的漏洞(BUG)、玩家反馈、数据报告,能清晰地了解产品所处的生命周期、竞争状况,从而制定延长产品生命周期的版本计划,不断推出新资料、新版本,提升用户体验,令用户对该游戏保持持久的期待。同时,对已经流失的用户加以研究,了解流失的等级、关卡和原因,为游戏优化做准备。

(二) 促进付费转化,提高游戏收入

运营部是提升游戏收入的关键部门,例行事务不能衡量运营人员工作的好坏,游戏的月流水、总流水、ARPU(每用户平均收入)才是最关键的衡量指标。有了收入,才能给各部门发

---

① 改编自:运营那些事儿.一篇文章彻底了解游戏运营到底要做什么[EB/OL]. https://www. sohu. com/a/234636514_759764? t=1554686359452[2023-12-8].

工资,才能推进市场投放计划,开展各种线上线下活动;同时,高收入的手游在渠道排名越高、推荐位越靠前,越能产生雪球效应。

(三)协调各个部门,减少游戏事故的发生

运营部门是连接开发人员、渠道、市场、玩家的节点,每个节点发生问题,运营都要积极沟通、协调配合,以减少游戏事故的发生。例如对于 BUG 提交跟进与修正、活动效果跟踪与反馈、支付平台突发事件等,积极主动地沟通是非常必要的。

三 游戏运营的工作内容

(一)活动策划

活动策划的职责是设计活动(线上线下)、统计分析活动效果并作出反馈。

活动策划是游戏利润生成的关键职位,需要协调玩家、产品、KPI(关键绩效指标)之间的关系。玩家是否买账决定了活动效果的好坏,而产品本身是否支持活动进行则决定了活动能否开展。活动策划需要考虑该活动带来的利润。

(二)数据分析

数据分析的前提是数据统计,即把目标区服、渠道一定周期内的游戏数据统计出来,包括登录数、活跃数、活跃时段、留存率、付费率等。但统计数据并非最终目的,以现有数据分析玩家状况,提出版本及活动优化建议,才是数据分析员工作的本质。

(三)渠道运营

渠道运营是指与各大市场的商务负责人取得联系,谈分成、排期、推荐计划,并推产品上线;在产品上线后,维护渠道论坛与专区,配合渠道做活动与分发礼包等。

(四)媒体运营

从事媒体运营的员工称为媒介,是负责产品外部宣传、对产品形象负责的人员,根据产品不同测试阶段的要求,做外宣计划并执行。主要工作有软文撰写投稿、媒体礼包投放、推荐位预约、广告创意设计、制定软广投放计划并执行,主要对游戏的百度指数、渠道热度、产品形象负责。

(五)市场推广

市场推广包括监控产品上线后各大市场的下载和登录数据、市场评论,进行各项提升产品排名、市场热度及好评率的操作,如投放 CPA(点击计费)、CPC(转化计费)等。

(六)事件管理

事件管理,即处理游戏运营过程中的例行事务与突发事件,例如制定开服计划并通知渠道与运维,游戏维护提前通知、维护补偿的发放、日常数据异常的监控,等等。

(七)玩家管理

这是一项面对玩家的工作,但并不是像客服那样直接与玩家打交道,而是根据玩家的付

费率、付费金额、VIP等级、活跃度等指标,进行VIP玩家管理,收集玩家的BUG建议并择优提交相关人员,跟进BUG解决的进度。制定充值返利的额度与折扣。

(八) 社区管理

社区是一个玩家聚集的地方,包括QQ群、贴吧、论坛、公会、游戏盒子等,玩家与玩家之间直接交流,往往也是玩家抱怨、建议以及问题出现最频繁的地方。一个好的社区管理员,能处理意见建议、平息玩家怨气、及时进行安抚,还能提高社区的活跃度、做出社区的特色。比如UC的公会有公会群、社区以及QQ群,论坛的热度直接影响新游期待榜的排名。

四 游戏运营岗位的能力需求

(一) 快速学习并迅速掌握新知识的能力

运营人员需要有丰富的游戏素养,了解市场主流游戏的运营模式。运营人员需要一定的游戏龄,至少深入玩过2款以上游戏,但目的不是"玩"游戏,而是学习游戏。

另外,运营人员需要有广博的知识素养与完备的市场信息,从各大游戏媒体、渠道公布的信息中提炼出重要的干货,时刻保持对比、研究的姿态,让信息在脑中汇成一条河,对整个市场形成比较清晰的认识。

(二) 流畅亲和的沟通技巧

运营岗是连接开发者、渠道、玩家、策划等的重要岗位,有效沟通非常重要。游戏功能优化、版本更新,需要与策划人员达成共识,策划人员通过下达需求统领技术人员开发、测试人员测试。

渠道方负责的游戏很多,平均每个人至少5款以上,因此直击重点是很必要的;当需要向渠道方申请推荐位时,人际关系也能起到重要作用。运营岗位与玩家的沟通体现在各类公告、事件处理、VIP玩家服务上,单方交流较多,表达上需要谦恭有礼、不卑不亢,原则性非常重要。

(三) 超一流的软件操作能力

运营工作依赖于Excel、Word、PPT等办公软件,工作中常常用到这些软件。运营人员需要制定简洁明了的版本计划、分析数据、撰写软文等,很多是重复性的工作,除了耐心之外,速度也很重要。

(四) 统筹视野,执行力强

优秀的运营人员需要不间断地主动发现问题并且强有力地执行,需要具有全局视野,根据游戏的市场表现和所处的阶段及时调整运营策略。

比如活动策划,如果活动策划只在有KPI指标压力时才开始思考做什么类型的活动、周期持续多久,常常主观决定多,很少进行数据分析与活动效果对比,这样做出来的活动如何能被称之为精品。控制折扣价与生命周期、玩家现有道具之间的关系,是一个活动策划必备的技能。

任务实施

1. 请结合任务导入的材料谈谈游戏运营岗位的主要工作内容有哪些?

2. 小张是一名在校大学生,他想毕业后从事游戏运营助理岗位,请帮他设计一份简历。

○ 任务二 游戏用户运营

任务导入

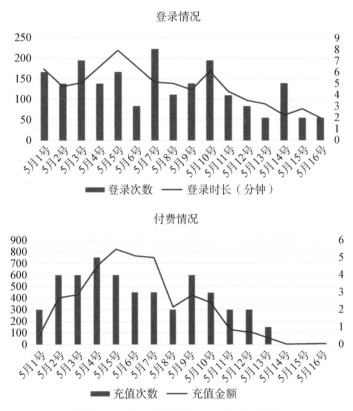

图3-1 某用户游戏登录与付费示意图

如图3-1所示,用户A从5月1号进入某游戏成为该平台的新用户。在进入游戏初期,由于对游戏的新鲜感以及想在游戏内进一步发展的愿望,该用户的登录情况以及付费情况都是比较可观的,每天积极上线做主线任务,也充值一些游戏内的货币来购买礼包等道具使自己变强,但是从12号开始,运营人员发现该用户的登录和付费两项指标都出现了不同程度的下降,每日登录时长下降明显,该时间不足以支撑用户完成每日任务,而且充值也出现了停滞,连续三天未进行充值。

知识准备

一 游戏用户运营的定义

所谓用户运营,就是以用户为中心,遵循用户的需求,以用户量及活跃度为目标导向,设置运营活动与规则,制定运营战略,严格控制实施过程与结果,完成从无到有的用户积累,以达到预期所设置的运营目标与任务。[①]

游戏用户运营就是以游戏玩家为中心,遵循玩家的各种需求,以玩家数量和活跃度为目标导向,设置游戏运营的策略与规则,制定运营计划,严格控制运营过程和结果,以达到提高玩家数量和留存度,促进玩家活跃度和付费转化率,从而获得良好的经济效益与社会效益。

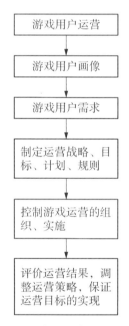

图 3-2 游戏用户运营流程图

二 游戏用户画像

用户画像又称为用户角色,就是用户信息标签化,即通过收集与分析用户的社会属性、生活习惯、消费行为等数据,抽象出一个虚拟用户的特征全貌,不仅帮助企业全方位、多视角地了解用户行为特征,把握用户行为动向,还可以帮助企业针对细分用户开展产品个性化精准设计、定制、营销和服务。

---

① 蒋小花.数字产品运营与推广[M].杭州:浙江大学出版社,2018(12):58.

用户画像帮助运营人员提出正确的问题,并从目标用户的角度去回答这些问题。例如:"用户在想什么? 说什么? 做什么?"从而分析总结出这些目标用户的真实需求。

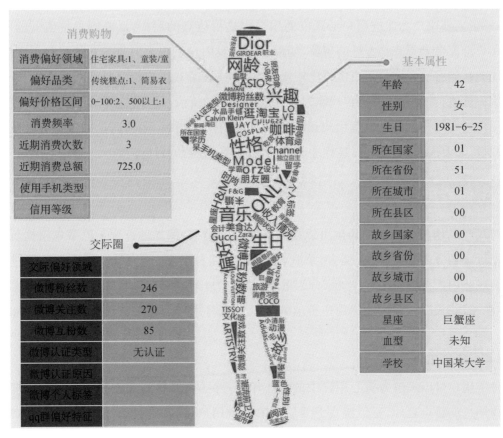

图3-3　用户画像示意图

用户画像的基础是海量数据,这些数据包括静态数据和动态数据。静态数据主要包括人口属性和商业属性方面的数据,人口属性方面数据包括年龄、性别、地域、职业、婚姻状况、学历等数据,商业属性方面的数据包括消费等级、消费周期等数据。动态数据主要是用户不断变化的行为数据,例如浏览的网页信息、搜索网页的关键词、发表的微博信息等方面的数据。

用户画像的目的在于通过大数据处理来分析用户行为,给用户打上标签,从而让运营者更加精准地了解用户的心理和需求,从而更好地满足用户的需求以实现运营目标。

三　游戏用户量和用户价值

对于任何一款游戏而言,用户量和用户价值是首要关注的两个指标。所谓用户量,就是游戏用户的数量,这一指标可以直观反映游戏的受欢迎程度。只有积累了海量用户,才有变现盈利的可能,因此拥有足够的用户量是游戏运营的首要目标。当然,除了用户量之外,游戏运营人员还要考察用户价值。用户价值主要是指用户的经济价值和社会价值,经济价值主要指用户的消费额,社会价值主要指用户为游戏带来的新用户以及口碑传播等。

用户价值有高低之分。付费频率高、付费数额大的用户是价值高的用户,具有较大影响力、能够带来新用户和促进用户活跃度的用户也是价值高的用户,反之则是价值低的用户。游戏用户价值参差不齐是常见的现象,如果一款游戏用户量很大但是盈利状况并不理想,极大可能就是拥有的大多数用户价值比较低。由此可见,游戏用户价值是游戏运营的核心,而提升用户价值,首要考虑的是游戏能为用户带来怎样的价值,是否能够满足用户的核心需求。

用户量和用户价值是游戏用户运营需要考虑的两大指标,运营人员的工作就是既要提高用户量,又要提高用户价值,这样才能最终实现游戏运营的目标。

四 游戏用户分类

游戏产品用户从不同的角度可以划分为不同的类型,例如理查德·巴蒂尔根据玩家的需求把玩家划分为探险者、社交者、杀戮者、成就者四种类型,这为游戏设计提供了理论基础。游戏业内人士常常把游戏玩家分为重度玩家、中度玩家和轻度玩家,区分标准主要是投入游戏的时间长度。按照游戏用户价值的高低则可将用户分为种子用户、核心用户和普通用户。

(一) 种子用户

种子用户可以理解为核心用户中的核心用户,除了具备核心用户表现出的活跃度高和生命周期长的特点之外,还是游戏上线后的第一批用户,或者是具备付费频次高、付费金额高和游戏分享频率高的“三高”特征的用户,例如游戏封测邀请的玩家、研发团队的成员以及游戏大 V 等。

种子用户的价值至少体现在三个方面:一是容错率和互动性比较高,能够对性能和品质不稳定的早期产品提出建设性意见;二是具有一定的影响力,能够为游戏带来更多的关注和玩家;三是付费频次和金额高,能够为游戏带来良好的经济效益。

因此,种子用户的获取至关重要,获取渠道通常有四条:一是加入游戏相关的社交圈,通过沟通交往建立信任感,从而主动获取目标用户作为种子用户;二是通过价值和理念的输出吸引目标用户成为种子用户;三是通过封测等边界条件的使用主动邀请目标客户成为种子用户,通过制造一种“稀缺感”,让用户更主动去参与和吸引到产品中;四是深耕社会化媒体、社区、论坛、微信群等,定向挖掘种子用户。

(二) 核心用户

核心用户是为游戏产品的发展和盈利作出巨大贡献的用户群体,他们既可以是付费意愿强、付费频率高、付费金额大的游戏玩家,也可以是能够为产品贡献优质内容、有一定影响力从而带来更多用户的人,例如各个平台的游戏主播,社区、论坛、微信群、游戏公会等的意见领袖,知名电竞选手,知名自媒体账号等。

核心用户的价值在于四个方面:一是为游戏贡献经济价值;二是通过自身影响力带动其他用户,增加了其他用户的活跃度;三是通过生产优质内容吸引更多的关注和用户;四是组织各类活动吸引潜在用户、带动普通用户,扩大游戏知名度和美誉度。

核心用户的获取主要有以下渠道:游戏运营初期主要从外部挖掘,例如有的游戏聘请娱乐圈的明星作为代言人,通过明星效应来获取更多的关注和流量,明星代言人就是核心用户;游戏运营过程中可以从普通用户中培养,新进入的普通用户通过二八原则选取前 20% 来作为潜在的核心用户进行培养,可以通过委任其为社区的版主、高级版主等,或者重点推荐其生产的内容,调动其积极性,增强其客户黏性,从而培养出一批游戏的核心用户。

(三)普通用户

普通用户即游戏的普通玩家,他们只消费内容,较少或基本不与其他人互动,贡献内容较少甚至不贡献内容。普通用户的付费频率、付费金额无法与种子用户和核心用户同日而语。

普通用户的价值在于增加游戏的人气和经济收入,因为普通用户的数量比较多,能为游戏贡献巨大的经济收入。普通用户的获取主要通过各种渠道传播,例如各种平台的推荐、种子用户和核心用户的带动等。

除了种子用户、核心用户和普通用户的分类之外,游戏玩家内部还流行氪金玩家、肝帝、欧皇等称呼,这是根据某一标准对玩家进行分类并冠以特殊标签。不过这些分类与流行语相伴而生,也会随着流行语的更迭而推陈出新,相较而言,种子用户、核心用户和普通用户的分类更具有稳定性。

五 游戏用户管理

(一)早期用户管理:拉新与留存

1. 拉新

拉新是指拉来新用户,最直接的指标是新增用户量,主要目标是提高用户注册转化率。对于游戏而言,用户注册转化率包括下载—安装(激活)转化率、安装(激活)—注册转化率、注册—创角转化率三个指标。对于不同终端的游戏,所重点关注的转化率略有不同。比如,因为网页游戏(以下简称页游)市场导入流量(以下简称导量)的独特性,其一般是由广告直接导入到某个服务器的,所以在页游导量的过程中需要特别关注一下注册—创角转化率。

运营人员需要关注影响这三个指标的要素。

首先是影响"下载—安装(激活)"转化率(主要讨论端游和手游)的因素:第一,客户端的大小。过大的客户端可能使没有高速率下载带宽的玩家在下载的过程中失去耐心,从而取消下载。第二,安装过程体验。烦琐的安装步骤或是持续时间过长的安装过程,插件和广告也可能令玩家产生厌恶情绪,玩家随时有可能在安装过程中选择取消安装。第三,渠道要关注是否存在刷下载量的行为。

其次是影响"安装(激活)—注册"转化率的因素:第一是注册的步骤。端游中,注册用户是否需要填写过多的不必要信息,手游是否支持一键注册;总之注册过程的用户体验,对这一转化率影响深远。第二是注册需要的信息。很少有人会愿意向一款陌生的游戏绑定手机号码或是身份证信息。

再次是影响"注册—创角"转化率的因素:第一是注册后是否有开场动画。如果开场动画严重影响创角率而又没有增强游戏的代入感和体现游戏的世界观,建议删掉。第二是创角时的取名规则是否过于繁琐,或者是随机取字是否出现漏洞。第三是考虑是否存在刷量的行为。

根据数据统计,注册引导过程中用户流失率比较高,每增加一步注册引导,用户注册成功率下降 10%。因此注册引导既要精准传达游戏的核心价值,又要减少不必要的步骤和信息填写,这就需要优先解决游戏玩家的核心诉求,将次要功能和信息留到以后再展示,并且通过调整文案、功能介绍顺序等优化注册引导流程,从而提升用户注册转化率。

2. 留存

留存主要包括防止游戏用户流失和召回流失用户两方面的工作。

运营人员经过努力成功将用户引流到游戏中来,下一步就是要将这些用户留在游戏中,延长他们在游戏中的生命周期,防止用户流失。游戏用户流失的主要原因是:缺乏目标、有挫败感、福利较差、落后于"大部队"、版本内容不足等。针对这些原因,留存工作可以从游戏产品本身和用户服务两个方面来展开。首先是要不断优化游戏产品,让游戏拥有核心吸引力,优质的游戏可以牢牢抓住游戏用户;其次是围绕用户需求提供优质服务,解决用户的痛点,也可以有效防止游戏用户的流失。例如,可以配合游戏开服狂欢活动,每日提供登录礼包来激励玩家登录。一般是提供连续多天登录的登录礼包,其间几日会投放价值较高的标的物,鼓励玩家登录,让每天登录游戏成为一项习惯,从而提高用户黏性,留住用户。

同时还要召回流失用户。流失用户分为预流失用户和已流失用户两种。流失用户主要依据活跃度和付费情况来判断。

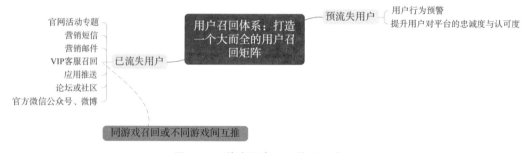

图 3-4 游戏用户召回体系示意图

预流失用户是指具有流失倾向但是并未实际流失的用户,具体表现就是活跃度显著降低,付费频率和金额降低甚至为零。游戏运营人员通过数据监测发现用户出现上述倾向之后,应该触发用户流失预警系统,通过积极地干预和有效的措施来提高用户对平台的忠诚度和认可度。例如可以让客服部门联系用户,询问用户对游戏的看法、有什么建议等,然后有针对性地去解决用户遇到的问题。这个时候运营人员的主动性很重要,应抓住预流失用户的黄金召回期,主动联系、沟通、拉回用户,否则等用户真正流失以后再去召回难度就会比较大。

已流失用户通常是指七天未登录、未充值的游戏用户。针对这些用户,运营人员可以采取以下措施进行召回。

第一是在官网做老玩家回归专题,对老玩家回归和推荐老玩家回归的用户给予奖励。可以吸引老玩家自主回归,或者是吸引游戏内的活跃用户拉回流失的老玩家,从而领取相关的奖励。

第二是在游戏有比较大的更新时,或者重大节日游戏内活动比较丰富的时候,运营人员以此为由,通过营销短信或者是营销邮件去吸引用户回归。短信送达率高、送达快但是表达的内容有限,而邮件的内容可以较为丰富,但相对来说打开率较低。运营人员可以根据实际情况来选择召回手段。

第三是让 VIP 专属客服与流失用户联系,询问玩家流失的原因,然后根据用户的心理,在不破坏游戏公平性的前提下,尽量去满足他们的需求,使其回到游戏平台。

第四个比较常见的手段是应用推送召回。有些玩家没有留下具体的联系方式,而且他已经流失了但并未卸载游戏应用,在这个前提下,应用推送进行召回就显得很重要了,通过这个手段能够及时触及用户,用一些具有吸引力的文案让用户回归。但由于推送篇幅有限,所以文案尤为重要。所以在不确定哪条文案比较有效的情况下,可以对推送进行小范围的A/B 测试,在确定哪条文案比较有效后,再进行大范围的推送,使效果最大化。

第五是利用官方运营的微信公众号、微博等召回。官方运营的微信公众号、微博等,可以发送一些关于回归活动的信息,其受众群体比较广,用户关注也比较方便,此种手段的触达范围比之前的那些方式更广一些。和应用推送一样,文案很重要,因为一条差的文案可能造成用户取消关注该游戏官方账号,后续再想联系到这些用户就很困难了。

(二) 后期用户管理:促活与付费

当游戏平台的用户量达到一定规模,相对稳定后,促活与付费就成为用户管理的主要任务。促活与付费往往是一枚硬币的两面,用户的活跃度与付费率是呈正相关关系的,活跃度高的用户付费意愿较高,付费频率和付费金额高的用户无疑活跃度也比较高。

为了引导用户的付费行为、提升用户付费频率和金额,游戏往往会设计一整套衔接密集的游戏计费体系,大小目标穿插在一起,培养玩家的付费习惯。游戏计费体系包括了内部付费和外部付费,外部付费是指非周期性的运营活动、版本更新等刺激的消费。内部付费是指游戏系统内置的对玩家形成付费刺激的设计,以及付费提高体验的激励等带来的消费。这些付费活动包括单笔充值、连续充值、累计充值、成长基金、VIP 礼包、限时礼包等等,采取"夹叠式"来吸引玩家进行充值,例如玩家充值 6 元,触发了连续充值和首充,获得了一个相当不错的道具,然后会有下一档的累计充值奖励,就在 10 元处,当玩家选择再充一笔的时候,又有一个单笔冲和月卡奖励放在面前,"夹叠式"推运玩家继续充值。充值越多,体验越好,用户的付费习惯就此养成,如图 3-5 所示。

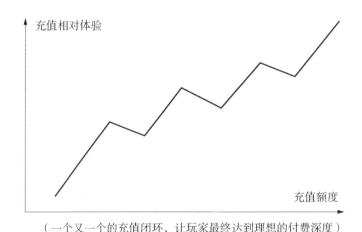

（一个又一个的充值闭环，让玩家最终达到理想的付费深度）

图 3-5　游戏玩家充值与体验关系示意图

　　游戏计费体系在游戏内部设置付费点,是游戏盈利的基本点,一般较好的游戏至少有 10—15 个付费点,包括以下三种:一是基础消费,贯穿整个消费层,一般为体力恢复、死亡复活等;二是中层消费,区别 R 与非 R 的点,一般为装备(普通)、道具、礼包等;三是高层消费,R 与大 R 的分界点,一般为极品装备、高级勋章等。[①] 游戏付费点的设计应该遵循给予用户付费购买的合理前提,在玩家的活动路径中主动建立付费点,设定良好的付费节奏三个原则。

　　值得关注的是,用户的首次付费非常重要。数据显示,付费用户主要是在注册的第一天并且是到达第四和第五个关卡的时候开始进行首次消费,第一次消费的金额通常都较小。运营人员可以利用这些规律,挑选适当时机提供有趣的内容或活动推动用户实现首次付费。

　　用户完成首次付费后,游戏计费系统通过诱导性刺激和压力性刺激来促使玩家第二次、第三次付费。诱导性刺激是向玩家展示可能的利益或者优惠,这是付费刺激最常用且十分有效的方法,通过充值额度或者活动诱惑玩家进行消费。较为常用的利诱性刺激包括试用优惠、比例打折、消费返点、礼包优惠。压力性刺激,是指通过调整游戏难度,让玩家无法完全通关或者必然战败,使玩家产生挫败感及付费的压力,从而刺激消费。同时,还可以通过付费奖励来培养玩家的付费习惯,形成持续付费的习惯。

[①] "R"为网络用语,代指在游戏中消费的玩家。"非 R"指基本不或完全不消费玩家,"大 R"则是指大额消费的玩家。

任务实施

1. 根据任务导入的材料,分析用户 A 属于什么类型的用户,其指标是什么。

2. 根据任务导入的材料,分析游戏运营人员可以通过哪些措施来召回此类用户。

○ 任务三 游戏内容运营

任务导入

《原神》手游祓行任务流程

《原神》中祓行的任务怎么做? 祓行任务是游戏中神樱大祓主任务的支线之一,这个任务不是很复杂,相比其他几个分支,解谜也比较简单,接下来就一起来看看具体的祓行任务流程。

任务介绍

【任务背景】依照花散里的说法,要完成"神樱大祓",就必须破解结界五处,并清除被逼出来的"污秽的化身"。除了绀田村与那间荒废神社,另外三处结界与雷樱树根分别位于:镇守之森、荒海、以及神里屋敷之外的滩涂地下。在这期间,她似乎会在绀田村井下的树根处待命。

【任务奖励】冒险阅历 * 500,原石 * 60,大英雄的经验 * 5,精锻用魔矿 * 8,摩拉 * 50 000。

【任务触发点】完成"神樱大祓·祭神奏上"后自动接取。

全新的 2.0 稻妻版本已经正式更新了,这次更新的新内容还是非常多的,希望对大家有所帮助。

(资料来源:根据网络资料整理)

知识准备

一 游戏内容运营

所谓游戏内容运营,即通过创造、编辑、组织、呈现游戏内容,提高游戏产品的内容价值,从而增强游戏玩家的关注度和黏性。

内容有轻重之分,游戏运营岗位的内容运营主要是轻度内容的运营,例如问答、产品介绍、文章(攻略、评测等),重度内容主要是引入和维护相关的优质资源,例如公众号或者网站推荐资深玩家的攻略、视频,播放游戏宣传片等。

二　游戏内容运营的业务板块及生产模式

严格来说,游戏内容运营涉及的业务板块比较丰富,但主要是媒体运营和社区管理。其中媒体运营主要是新媒体运营,包括官网、微信公众号、微博等;社区管理主要包括 QQ 群、贴吧、论坛、公会、游戏盒子等虚拟社区的管理工作。

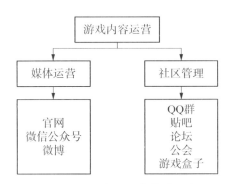

图 3‐6　游戏内容运营模块示意图

从生产模式来看,内容生产有专业生产内容(PGC)、用户生产内容(UGC)、职业生产内容(OGC)三种模式。三者的区别在于内容生产主体的差别,PGC 主要是具有一定的专业知识和相关的职业经历的人贡献的具有一定水平和质量的内容,例如微博平台的意见领袖、科普作者和政务微博;UGC 的创作主体没有特别要求,理论上人人都可,如各大论坛、博客和微博客站点的内容,均由用户自行创作,管理人员只是协调和维护秩序;OGC 的生产者以生产和贡献相应内容为职业,如媒体平台的记者、编辑,既有新闻的专业背景,也以写稿为职业领取报酬。

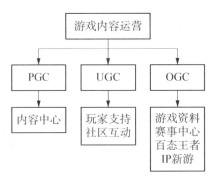

图 3‐7　游戏内容运营分类示意图

游戏内容运营对于 PGC、UGC 和 OGC 三者都有涉及。以《王者荣耀》官网为例,其官网包括游戏资料、内容中心、赛事中心、百态王者、社区互动、玩家支持、IP 新游 7 个栏目,其中游戏资料、赛事中心、百态王者、IP 新游都属于 OGC 的范畴,内容中心主要是引入了优质的外部资源,属于 PGC 的范畴,玩家支持、社区互动明显属于 UGC 的范畴。

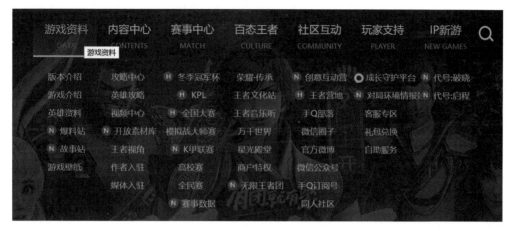

图 3-8 《王者荣耀》官网截图

三 游戏内容运营的基本流程

游戏内容运营的基本流程包括收集信息、编辑信息和输出信息三个步骤。

(一) 收集信息

内容运营需要输出有价值的内容,这些有价值的内容不是凭空产生的,而是来源于有价值的信息。因此,收集信息是编辑信息的基础,内容运营工作流程的第一步就是收集信息。

收集信息的出发点是目标用户的需求及关注点。以游戏推广软文为例,运营人员收集信息需要从三个方面入手:一是游戏本身的信息,例如该游戏的基本信息、最大卖点等;二是用户关注的信息,例如游戏可以为用户带来哪些独特体验、游戏上线的时间节奏、游戏各类福利活动等;三是竞品信息,游戏产品领域的竞争越演越烈,运营人员只有做到"知己知彼",才能做到"百战不殆"。

信息收集的渠道理论上讲是越广泛越好,但运营人员的时间、精力有限,可以通过寻找所需信息的密集区、核心区去收集。有些信息是有专门渠道的,例如游戏的各种排名,有专门的平台制作各种排行榜,运营人员就可以从该平台收集到所需的信息,然后进行加工编辑;还有游戏上线之前编辑推文所需的各种基本信息资料,可以从研发商处收集。运营人员要多方收集信息,这样才能在内容编辑环节做到"文思泉涌",输出的内容才能获得用户的关注和青睐。

(二) 编辑信息

编辑信息就是内容呈现和管理的过程,这项工作需要专业知识的支撑。例如如何选择一个能够吸引用户眼球的标题,如何遣词造句才能符合用户的阅读习惯和偏好,如何排版才能让内容呈现更加美观易读,如何拍摄、选择和处理图片才能显得更加专业等,这些都需要运营人员掌握相关的专业知识和技巧。

编辑内容的出发点同样是用户的需求和关注点,因此"蹭热点"不失为一个有效的技巧。"蹭热点"的本质是借势营销,热点的范围很广,可以分为可预见性热点和不可预见性热点。可预见性热点包括各种节假日、纪念活动或者重大事件,例如春节、圣诞节、世博会、奥运会等;不可预见性热点主要是突发事件,包括社会事件、娱乐事件等,可以通过微博热搜榜、今日头条、百度热点、知乎精选、豆瓣精选等平台获取。同时,"蹭热点"要注意即时性和创新度。由于热点具有时效性,所以蹭热点一定要及时,最好能够在第一时间获取热点、分析热点和利用热点,选择合适的角度推出相关内容才能获得最佳效果。"蹭热点"还要注意创新度,现在各种内容平台层出不穷,"蹭热点"也是业内的共识,往往一个热点出来了成千上万的内容传播者都要去蹭,这时内容的创新性就非常重要。

(三) 输出信息

输出信息的重点在于传播渠道和方式的选择。

首先是传播渠道。针对不同的输出内容应该选择不同的传播渠道,不同的目标用户类型也应该选择不同的传播渠道。传播渠道包括新媒体平台(今日头条、腾讯、新浪、网易等)、搜索引擎(百度、搜狗、Google、360 等)、社交平台(微信、微博、QQ 等)、问答类平台(知乎、悟空问答等)、垂直细分类平台(网易游戏、Wegame 等)。内容运营工作人员可以根据自己的输出内容和目标用户类型来选择合适的传播渠道。

其次是传播方式。传播方式有一次传播和二次传播,内容运营需要充分利用二次传播方式。二次传播有个非常重要的概念叫病毒营销,即利用公众的积极性和人际网络,让营销信息像病毒一样传播和扩散,营销信息被快速复制并传向数以万计、数以百万计的受众,它能够像病毒一样快速复制、迅速传播,将信息在短时间内传向更多的受众。现在流行媒体人追求的"10 万 +"就是病毒营销的典型案例,所谓"10 万 +"文章就是阅读量超过 10 万人的文章,这就是病毒营销带来的"一传十,十传百"的效果。游戏运营人员要充分利用病毒营销思维,让内容的传播速度和广度达到理想效果。

四 游戏内容运营的评价

从管理学的角度看,任何工作最终都要进行评价,游戏内容运营工作也不例外。游戏内容运营的评价标准应该是输出的内容有趣、有用,获得目标用户的关注,具体的评价指标有以下六个方面。

(一) 推荐量

所谓的推荐量,就是输出的内容被渠道和平台推荐给用户的数量。很多平台都有内容推荐系统,最典型的就是今日头条。今日头条的推荐系统会根据用户的兴趣和偏好,自动推荐同一类型的内容给用户。但是往往同一类型的内容数量非常多,为了保证用户良好的体验,推荐系统会自动进行消重,然后有选择地把内容推荐给用户。

因此,运营人员在平台上输出的内容通过原创审核、进入推荐系统之前,还需要经过消重系统的处理。这就需要运营人员了解消重机制,避免被系统自动过滤掉,从而顺利进入推荐系统被送达给用户。消重的标准包括以下四个方面:一是来源头条号是否开通"原创"标记;二是是否为首发;三是来源的权威性和在网络上被引用的次数;四是主题和角度是否新颖。

推荐量与阅读量息息相关,只有输出的内容被送达给更多的用户,打开量和阅读量才有保证。换句话说,只有让更多人看到运营人员输出的内容,才能保证有足够多的人去关注和体验游戏产品。

(二) 阅读量/播放量

如果输出的内容是图文内容,就会涉及阅读量,即阅读该图文的用户数量;如果输出的内容是视频,就会涉及播放量,即播放该视频的用户的数量。阅读量/播放量是衡量输出的内容作品的基本数据,为了更好地分析用户的渠道来源和深度,阅读量/播放量还会被细化为应用内阅读/播放、应用外阅读/播放、图文页阅读、原文页阅读、完播量等,图文页阅读和原文页阅读是针对图文内容的,完播量主要是针对视频内容的标准。

(三) 点赞数

所谓点赞数,是指用户为输出内容点赞的数量。点赞事实上表达了用户对所接触内容的认同和肯定,与阅读量和播放量相比,点赞数更能反映输出内容的品质和价值。

点赞数已经成为平台推荐内容的重要衡量标准,以至于很多 KOL(意见领袖,Key Opinion Leader)为了获得更多的流量去刷点赞数等指标,国外的一些平台认为这违背了初衷,因此开始尝试隐藏点赞数。

(四) 转发量

所谓转发量,就是用户分享、转发自己认为优质内容的数量。这已经成为一种常态,人们在平时经常会分享、转发自己认为有价值、有需要的内容,例如有趣的图文、优质的商品等等。很多内容平台、电商平台也提倡用户分享转发自己输出的内容。转发量也是衡量输出内容价值高低的重要标准。

(五) 收藏量

所谓收藏量,就是指把输出内容收藏起来的用户数量。用户往往会将自己认为有价值的、有必要多次阅读和播放的内容收藏起来,因此收藏量也是检验输出内容价值高低、受欢迎程度的重要数据。

(六) 评论数

所谓评论数,就是用户在输出内容下方进行评论的条数。评论数往往反映了内容运营人员与用户之间的互动情况,评论数越多,两者之间的沟通和互动就越深入,内容运营的效果就越接近理想状态。评论数也是衡量平台推荐内容的重要标准。

图3-9 网络平台游戏内容输出衡量指标示意图

任务实施

1. 阅读任务导入的材料,谈谈这份资料属于什么类型的游戏内容运营。
2. 选择自己熟悉的一款游戏,谈谈其内容运营的情况。

◎ 任务四 游戏渠道运营

任务导入

　　小明是刚入行的新人,在一家千人规模的研运公司做运营。入职第一天领导就把小明拉进了各家渠道的 QQ 对接讨论组,嘱咐他先在群里看看同事是如何与渠道进行沟通交流的。小明发现,群里除了讨论素材图片之外,讨论最多的就是 SDK(软件开发工具包)对接了。这个 SDK 到底是怎么回事儿? 怀着好奇心的小明咨询了自己的领导这个问题,领导的解释也含糊不清,只知道 SDK 接入是上每家渠道的必接项而已。

知识准备

一　游戏渠道运营的定义

　　游戏渠道运营涉及的是分销渠道的概念，所谓分销渠道是指产品或服务从制造商/生产商流向消费者/用户所经过的各个中间商联结起来的整个通道。游戏作为一种产品，从厂商到目标用户同样需要分销渠道，即提供游戏下载和更新服务的平台。游戏渠道运营就是游戏运营人员通过比较和分析选择合适的平台/代理商在合适的时间将游戏送达目标用户的过程和行为，从而能够提升游戏的各项 KPI，实现利润最大化。

　　游戏界曾经流行着"渠道为王"的说法，意思是对于游戏产品而言渠道的选择至关重要。之所以会有"渠道为王"的说法，是因为过去游戏产品的相似度较高，可以分销的渠道却只有屈指可数的几家，渠道资源的稀缺性决定了其重要性。但是随着新型渠道的出现，渠道为王的局面已经开始发生变化。例如 2020 年米哈游和莉莉丝出品的新游戏《原神》和《万国觉醒》没有上架国内主流安卓应用商店；2021 年初华为应用市场下架了腾讯的一系列游戏，包括《王者荣耀》《和平精英》等热门游戏。这些事件就预示着游戏行业正在告别"渠道为王"的时代，或者说游戏渠道有了更多的选择，原来的头部联运渠道资源的价值正在缩水。

二　游戏投放渠道的分类与游戏渠道运营特点

（一）游戏投放渠道的分类

根据软件系统的不同，游戏投放渠道也可以一分为二：iOS 系统和安卓系统。

1. iOS 系统

iOS 系统主要是指苹果商店，除了与苹果商店联运之外，还可以通过今日头条 iOS 客户端买量、腾讯广点通导量，最终都是通过苹果商店下载。

2. 安卓系统

因为安卓系统本身的覆盖面比较大，所以基于这一系统的游戏渠道也比较多。

（1）硬核联盟

硬核联盟于 2014 年成立，由玩咖传媒联手 OPPO、vivo、酷派、金立、联想、华为、魅族等智能手机制造商组成。2018 年，硬核联盟的市场渗透率已经占到了安卓系统的 65.7%。

（2）五大传统渠道

五大传统渠道包括应用宝、360 手机助手、小米应用商店、百度手机助手、UC 应用商店，在五大传统渠道中应用宝渗透率占 35%，360 手机助手渗透率占 17.8%，小米应用商店占 17.1%，百度手机助手占 15.7%，UC 应用商店占 14.4%。

（3）长尾渠道

长尾取自"长尾理论"，长尾渠道就是指单个渠道量很少的渠道，长尾渠道以量取胜，几百个长尾渠道的量加起来就非常客观了，可以媲美大渠道。常见的长尾渠道比如当乐、海马玩等。海量的长尾渠道接入工作会占据研发大量的时间和精力，所以相应的出现了第三方软件开发工具包（以下简称 SDK），比如 Quick 和泳泳，发行只需要把游戏发给他们，由他们来对接长尾渠道即可。

（4）广点通

广点通是基于腾讯社交网络体系的效果广告平台。通过广点通，用户可以在 QQ 空间、QQ 客户端、手机 QQ 空间、手机 QQ、微信、QQ 音乐客户端、腾讯新闻客户端等诸多平台投放广告，进行产品推广。作为主动型的效果广告，广点通能够智能地进行广告匹配，并高效地利用广告资源。在移动互联网环境下，广点通可覆盖安卓与 iOS 系统，广告形式包括横幅广告、插屏广告、开屏广告、应用墙、信息流广告等诸多种类。

（5）B 站、TapTap 等新渠道

近年来新的游戏上线渠道不断出现，例如 B 站、TapTap 等。尤其值得关注的是于 2016 年 4 月上线的 TapTap，其宗旨是推荐优秀游戏；拥有手游领域公平客观的排行榜与评分系统；帮助每一个开发者与玩家更好地进行沟通；通过社区以多样的途径让玩家发现好游戏。而"发现好游戏"，也是 TapTap 一直以来的广告语。TapTap 不设置分成比例，所有收入归属开发者。

（6）巨量引擎、爱奇艺、快手等流量 App

这些超级 App 因为拥有巨大的流量，也是常见的选择之一。

（二）各个游戏渠道运营的特点

不同的渠道呈现出不同的特点，可以从总规模、合作方式、分成比例、开发商（以下简称 CP）毛利润等方面来分析其优势与劣势。

首先是 iOS 系统，其总规模在 2020 年时已经达到了 700 亿。入股采用联运的合作方式，渠道占比分成为 30%，是最优质的渠道之一。如果是采用买量和导量的合作方式，渠道分成比例则达到了 40%—60%，这些渠道的特点是量大但可能存在虚假流量、可以推送优质客户。

其次是安卓系统，其总体市场规模在 2020 年时已经达到了 800 亿。如果采用联运的方式，硬核联盟、B 站、阿里九游、腾讯应用宝等的分成比例占 50%，CP 毛利润就相对较低；TapTap 目前的分成比例为零，所以 CP 毛利润就能高达 50%—70%。这些渠道中华为、B 站、阿里九游都为优质渠道。如果采用买量或导量的方式，渠道分成比例为 40%—60%，同样这些渠道也拥有量大但可能存在虚假流量、可以推送优质客户的特点。

值得关注的是游戏的官方网站推广，其毛利润高达 60%—70%，这无疑是 CP 最喜欢的推广方式。但并不是所有的游戏都有官方网站，尤其是一些小游戏，还是要依托其他的平台来触达用户。

阵营	总规模	合作方式	主要渠道	渠道分成/成本占比	CP毛利润	备注
IOS	700亿	联运	苹果商店	30%	10%—30%	最优质渠道
		买量	头条系	40%—60%		量大
		给苹果商店导量	腾讯广点通			可推荐优质客户
			各种流量App			各显神通
安卓	400亿	联运	华为	50%	15%—20%	优质渠道/很严格
			OPPO	50%	1%—10%	
			vivo	50%	1%—10%	
			B站	50%	20%—25%	优质渠道/很严格
			TapTap	0	50%—70%	利润最高
			阿里九游	50%	5%—15%	运营能力很强
			腾讯应用宝	50%	1%—8%	
			各种长尾		5%—8%	
			小米、金立、酷派、联想、360、魅族	50%	5%—8%	量比较小
	400亿	买量	头条系	40%—60%	5%—15%	量大
		可直接下载	腾讯广点通		5%—15%	可推荐优质客户
			各种流量App		5%—15%	各显神通
		其他	官网等		60%—70%	CP最爱

图 3-10　2020 年不同渠道基本信息一览表

三　SDK

渠道运营中的一个重要概念是 SDK（Software Development Kit），即软件开发工具包，游戏 SDK 是指为游戏提供注册、登录、充值、支付、数据统计等功能的特定软件包，以便于游戏快速接入并支持对应功能。对于游戏渠道而言，最重要的自然是流量和用户，渠道为了与游戏达成更好的合作方式，在游戏中能使用渠道的账号进行登录、充值和支付，同时渠道也能统计对应的游戏数据，由此衍生出了渠道的游戏 SDK。游戏在上架渠道的时候，就需要接入渠道的 SDK。

一款游戏往往会在多家渠道上线，也就会遇到渠道频繁更新，每家渠道 SDK 规范标准不统一，技术接入费时费力、耗时太久耽误产品上架等问题，单个 SDK 接入流程在一位有经验的全职客户端程序员、一位全职服务端程序员和一位全职游戏测试员（QA）共同协作处理的情况下，需要 3 天时间才能完成。因此当一款产品面对 30 个甚至更多不同需求的渠道 SDK 时，人员成本和时间成本就会急剧增加。在这种背景下，聚合 SDK 就成为游戏渠道运营人员的重要辅助工具。顾名思义，聚合 SDK 是指将现有的渠道聚集在一起，开发商只需要接入这一家第三方 SDK 就可以实现与多家渠道的对接。

任务实施

1. 结合任务导入，谈谈什么是 SDK。
2. 选择自己熟悉的三款游戏产品，梳理总结其渠道经营的情况。

○ 任务五　游戏活动运营

任务导入

"异世相遇，尽享美味"，《原神》与肯德基的联动活动可谓是备受关注。2021 年 3 月 13 日，活动徽章开始发放。造势如此之久，玩家们对活动的期待已然到达了最高峰，只等兑换徽章，点燃二次元之魂，将全部的激情释放。然而，天有不测风云，在最后时刻，由于突发情况，多地《原神》联动活动被取消。

作为《原神》的第一个线下活动，无论米哈游还是肯德基都为此做了大力度的宣传，可以说此次活动已然成为当时游戏界，甚至二次元界最大、参与人数最多的线下活动。无论是玩家们，还是其他二次元爱好者，都热情高涨，积极参与。由于活动店铺较少，有的玩家所在地区没有活动店铺，他们直接提前好几天预约店铺套餐，一大早坐火车或驾车前往其他城市，只为能领到那心心念念的限定徽章。

然而天不遂人意，就在 2021 年 3 月 12 日晚 10 点，肯德基在其微博评论区发布通知：多地主题餐厅"买原神提瓦特乐享桶得限定徽章"活动取消，预约订单可申请取消。

此次《原神》联名肯德基活动，米哈游本来只是单纯的联动肯德基，徽章说到底只是一个意外惊喜，可伴随参与人数的急剧增加，此次活动竟然发展成为类似漫展的大型集会，以至于超过了治安管理的规定人数。加之米哈游与肯德基并未提前向有关部门报备，作为活动的主办方，被取消本次活动也是情理之中的事。

知识准备

一　游戏活动运营

活动对于游戏运营来说具有特殊意义，无论是拉新、促进用户活跃度（以下简称促活）还是提升付费转化率、增加客户黏性都需要活动来驱动，因此游戏活动运营是游戏运营的重要任务。所谓的游戏活动运营就是配合游戏产品的不同阶段策划、实施不同的活动，以达到游戏运营目标的运营工作。

游戏活动运营的目标一般包括三个方面：一是宣传推广游戏，通过各种活动的策划实施,将游戏产品的信息送达目标客户,让更多的潜在用户认识游戏产品;二是提升游戏的KPI,例如通过充值活动在短期内促使付费玩家充值大量现金提升营业收入,同时吸引潜在的未付费用户进行付费来提升付费率,以及促使付费用户在之后较长的期间内留驻在该游戏内;三是增进互动,这个互动是多方面的,一方面是增进游戏运营方与用户的互动,另一方面还会增进玩家与玩家之间的互动,以游戏活动为抓手形成一个良性互动的场域。

二 游戏活动的类型

游戏活动包括线上活动和线下活动,本书涉及的游戏活动主要是指线上活动,即游戏内的各种活动。常见的游戏内活动包括拉新活动、维稳活动、促活活动、召回活动、增收活动等。

(一)拉新活动

拉新活动主要集中在游戏运营的前期。基本类型包括注册类、征集类和充值类三种。

1. 注册类活动

此类活动包括但不限于预注册、礼包预约、媒体派送等主流活动,目的是在短时间内极大地增加游戏媒体曝光率,制造宣传点,吸引更多玩家进驻游戏。常见的手游会做差异化礼包,用以不同渠道的分流,配合常见的积分抽奖活动等。

2. 征集类活动

此类活动包括但不限于问卷调查、游戏攻略心得有奖征集等。活动的目的在于了解、分析玩家群体的需求以及对游戏的体验,同时在玩家之间形成讨论点,吸引更多玩家注意,聚集人气。此类活动适用于重度以及有长线固定玩家群体的精品手游。

3. 老用户拉新用户活动

此类活动主要是指老用户通过邀请、分享等方式拉来新用户从而获得相应奖励的活动。游戏通常都有邀请人系统和分享系统。老玩家可以通过邀请人系统邀请其他用户参与到本游戏中,邀请人和被邀请人都可获得奖励。老玩家也可以通过分享系统分享在游戏内获得的成就等吸引潜在用户,分享人可以获得资源奖励。

(二)维稳活动

维稳活动贯穿于游戏产品的整个生命周期,中后期会相对较多,主要目的是保持用户的留存率、活跃度和付费率。此类活动的目的是吸引游戏老玩家带动新玩家进驻,培养玩家从增量付费慢慢向持续性付费转变。所谓的增量付费是指冲动性付费,玩家在短期内被游戏品质和活动吸引冲动消费,但吸引力到顶之后很快流失;所谓持续性付费则是指稳定的小额付费,玩家的黏性和忠诚度相对较高,在游戏中的生命周期比较长,也是游戏的核心用户。维稳活动的目的主要是通过持续的有吸引力的活动延长玩家在活动中的生命周期,促使短期冲动性付费行为转化为中长期的持续性付费行为。此类活动包括竞赛类活动、限时类活动和问答类活动。

1. 竞赛类活动

此类活动通常以个人、小队、帮会等为单位,根据对应活动设置的需要,进行各种类型的竞技排名。常见类型有针对 PVP(玩家对抗玩家)的 PK 排名(擂台赛)、目标收集、成就追求等竞技内容。该类活动基本上会依据玩家的消费能力,对应玩家群体的付费能力进行分档设定,确保全民参与或目标用户能极大限度地参与。一般会同时配合新版本或新内容的更新,稳定、回流一部分玩家和拉新一小部分玩家,此类活动一般通过玩家预留的联系方式,以推送的形式发送给玩家。

竞赛类活动利用玩家的存在感、荣誉感等心理,可以极大激发消费大户的热情,同时在分档明确的前提下让小额付费(小 R)和非付费(非 R)玩家有参与的机会,增加全类型玩家的付费额度并提升其对游戏的兴趣度。需要注意的是如果分档标准不合理会出现偏向大/超额付费(大/超 R)玩家(特别是排名竞技活动)的现象,造成参与面窄、公平性较低、普通玩家难以参与的情况,因此合理划分档位是设计此类活动的要点与重点。

2. 限时类活动

此类活动包括但不限于限时活动 BOSS、限时签到等以时间限制为主的活动设计。限时类活动中商家往往会给出一部分让利或者稀有物品资源作为最终奖励,来提升玩家的兴趣和参与度,此类活动通常会与游戏的核心玩法之一相关联,增加游戏的体验程度。

3. 问答类活动

此类活动通常是在游戏内的指定地点或时间点回答系统所提出的各种问题,根据回答的正确次数或者正确率给予玩家不同的奖励。问答类活动的门槛几乎为零,但参与度极高。因为问题的内容通常和游戏关系紧密,可以加深玩家对游戏的认知和情感。另一常见的方式是问卷调查,借此收集玩家感受和需求,从而对游戏品质进行修正和提升。

(三) 任务类活动

此类活动包括但不限于日常、周常、月常等等任务。除了单独循环的日常类任务用于稳定玩家在线率以外,通常还会配合其他活动或者节日类型进行不同的任务设计以增加游戏的乐趣性。

任务作为玩家的追求目标,在游戏中的执行效率相对较高,一个游戏的任务系统通常关联着其他活动系统,无论何种游戏平台的游戏,任务系统的好坏会直接影响其运营活动后台搭建的难度。

(四) 签到类活动

此类活动包括但不限于每日签到和其他每日需要完成的指定游戏行为(包括日常任务),或累积到一定次数后可触发的 BUFF(游戏中指某种能力加成)或者奖励类活动。

签到类活动通常是伴随着服务器的运营开启的,用以吸引玩家每日登录,提高游戏留存率。活动内容通常比较简单,在手游中经常结合功能型 VIP 设置不同的奖励档位。

（五）召回活动

召回活动顾名思义就是召回已经流失的用户的活动,并配合其他消费活动增加游戏的收入。这类活动包括但不限于邮件和广告推送等,在一些运营末期的精品游戏上可以见到。

（六）增收活动

增收活动不仅贯穿游戏始终,而且也是 KPI 绩效指标的主要来源。此类活动可以结合版本、赛事、IP、节点等内容,开展各类充值、返利活动。这些活动又可以分为冲动型消费引导活动和消耗性付费引导活动。前者包括各类充值抽奖活动、限时销售互动,通常用于转化非付费玩家或者在短时间内拉高游戏收入。具体可以根据活动目的来配置活动奖品的类型和数量,广泛引导玩家参与到活动中。此类活动需要进行详细的分档设置。后者主要包括各类资源(如体力值、精力值)、装备材料、副本钥匙等销售活动,此类奖励点大多是游戏设计的核心付费点,但此类活动有可能会缩短游戏寿命。

三　游戏活动运营的流程

从游戏产品的全生命周期来看,游戏活动存在于游戏的各个阶段,运营人员对于游戏活动应该统筹规划,清楚在不同的阶段应该开展哪些活动,充分考虑活动的节奏,确定主要目标后再进行活动的搭配调整,做到松弛有度。对于单个活动而言,其流程包括市场调研、策划、执行和评估四个步骤。

（一）游戏活动市场调研

市场调研主要包括三个方面的内容:一是了解用户的需求,可以采用用户画像分析、用户行为分析、用户调研、同行咨询、深入的游戏体验等方法来获取相关信息,也可以关注贴吧、微博、QQ 群、TapTap 等用户反馈,收集用户意见、反馈,从而弄清楚用户的真实需求;二是关注竞品游戏的活动情况,吸取经验教训,为本游戏的活动运营提供借鉴;三是了解、统计本游戏往期运营活动,将已经投放过的活动统计、收录,并归纳各个活动的特点形式,了解游戏内各资源价值量以及投放程度,了解玩家对资源道具的需求热度等。调研的方法包括问卷法、访谈法、资料收集法、观察法、体验法等等。

（二）游戏活动策划

在市场调研的基础上,运营人员要进行游戏活动策划,形成活动方案。活动方案主要包括目的、目标、主题、对象、时间、活动描述、活动规则、投放渠道、风险控制、数据监控体系、成本估算、常见问题等。

活动策划要充分考虑如何调动用户的积极性和参与度,这需要有一定的技巧。首先是活动要简单有趣。简单主要指活动规则要简单易懂、容易上手;有趣是指趣味性强,具有吸引力。其次是要制造爆点。爆点营销也是活动营销的重要方式之一,可以考虑借助名人效应、热点效应等制造活动爆点,从而引发用户的关注和参与。再次是提供超出用户预期的体验。用户对于活动有一定的预期,如果活动的体验和服务超过了用户的预期,就会获得超出预期的效果。

(三) 游戏活动执行

再好的活动方案没有强有力的执行也是一纸空文,所以活动执行环节至关重要。

首先是提需求。部分活动方案需要各部门或者研发支持,运营人员要提早下需求,便于其他部门排期,避免赶不上节假日的档期,而高频的活动要提前开发进游戏,在活动期间能够节省很多时间和精力。当然如果制作困难,也能有足够的时间去快速更换为其他活动。可自行配置的运营活动,要先确定好活动时间、活动类型、道具 ID、道具数量是否填错、选错,以及文字描述是否存在问题。如果时间充裕,可以先在内网版本测试下,尤其是在出现新资源的情况下。

其次是撰写活动预告。包括标题、抬头、发布时间、活动范围、规则、注意事项、活动奖励等。内容涉及消耗类问题时,需对规则和奖励解释详尽。

再次是数据监测。活动成功上线后,需要不断地监测活动实时数据,如果数据异常需要及时修复,同时,还需要确保有完整的数据来支持最终的活动效果分析。统计奖励数据时需要确保数据准确、未遗漏。奖励发放后需要关注后续动态:论坛、邮件、QQ 群、微博、电话以及玩家自身反馈。

(四) 游戏活动评估

活动评估也是重要一环,主要通过活动数据分析和玩家反馈两个方面来展开。

所有活动效果最直接的反映就是数据,其中包括收入、DAU(日活跃用户数)、ARPU(每用户平均收入)、付费率等。详细的数据还包括:道具消耗、活动参与度、档位分析、付费人数及付费玩家等级分布。运营人员通过活动数据分析可以吸取经验教训,为后续活动做准备。

数据是对活动进行的定量分析,玩家反馈是对活动进行的定性分析。数据显示的是活动的结果,玩家反馈可以让运营人员明白出现这样的结果原因,因此玩家反馈分析也是非常有必要的。

除此之外,游戏活动运营还应该注意以下三点。

第一是搭建合适的团队。游戏内的活动不仅涉及活动内容,还涉及到技术支持、客服等岗位,需要搭建合适的团队才能保证活动的顺利进行。

第二是控制活动节奏。游戏活动是创收的重要渠道,但并不是活动多多益善,运营要充分考虑到活动的节奏,确定主要目标后再进行活动搭配调整,做到松弛有度。

第三是及时调整。活动方案再完美再细致,也不能确保活动执行完全按照方案来展开,因此运营人员要实时监控活动的数据和情况,及时调整影响活动顺利开展的各项因素,确保活动善始善终。

任务实施

1. 结合所学知识,谈谈任务导入的材料中《原神》与肯德基的联名活动为什么被取消。如果你是《原神》的工作人员,会采取哪些措施来消除活动取消的负面影响?

2. 选择自己熟悉的一款游戏,统计其近三个月的各类活动并进行分类。

项目四
游戏产品运营的封测

项目概要

游戏产品运营分为封测、内测和公测三个阶段。本项目在介绍封测的概念、目的、目标用户、封测次数及周期的基础上，重点论述了封测阶段用户体验调查和封测报告的撰写，让读者了解封测的基本知识，掌握封测的工作内容及技能。

知识目标

1. 了解封测的概念、目标用户。
2. 熟悉封测阶段用户调查的方法。
3. 掌握封测的特点及工作内容。

能力目标

1. 学会设计调查问卷和访谈方案，能够进行用户体验调查。
2. 学会撰写封测报告。

○ 任务一　认识封测

任务导入

《魔兽世界》经典怀旧服封测

《魔兽世界》经典怀旧服封测于 2019 年 8 月 27 日正式上线，在 2019 年 5 月 5 日，怀旧服的封测活动也同步开启。

图 4-1 《魔兽世界》经典怀旧服封面

据悉,官方将从申请《魔兽世界》经典怀旧服 Beta 测试及《魔兽争霸》Beta 测试的玩家中挑选符合特定条件的玩家参与测试,这部分玩家将可以参加小规模的封闭测试,封测时间为 2019 年 5 月到 7 月。

知识准备

一 什么是封测

封测是游戏生命周期中的第一个阶段,又称为 CB(Close Bata),指对外封闭测试,即小范围的以发现问题、解决问题为目的限量测试。通常封测在测试结束后会删档。

图 4-2 游戏运营生命周期三阶段示意图

二 封测的目的

(一) 发现问题,解决问题

刚刚研发出来的游戏在版本质量、稳定性、游戏性、易用性、功能性、交互性和商业化系统等方面存在较大的不确定性,需要通过多次测试尽可能地暴露问题,从而在正式推向市场之前尽可能完善产品。

(二) 获得关键数据,制定发行计划

封测的数据会成为运营企业或团队制定发行计划的重要依据,包括留存率、付费率、ARPPU(每付费用户平均收益)和 ARPU(每用户平均收入)等,然后根据这些数据建立预测模型,推演出游戏的整个生命周期中的不同节点的表现,从而确定该游戏是否值得投入或者投入多少,制定其发行计划。

(三) 进行用户分析,确定设计方向

封测期间通常会有数千用户进入游戏体验,针对这些用户,可以进行用户体验调查、渠道质量分析、漏洞分析、留存率评级、流失分析等,帮助运营团队不断优化完善游戏,获取更多优质用户,评估游戏质量,确定产品定位,合理分配资源,提升资源效率,等等。

(四) 宣传造势,获取关注

封测也是游戏正式推向市场之前的重要事件,通过合理的宣传造势,例如封测玩家预约、软文推广、召开新闻发布会等前期运作,为游戏积累了一定的关注度和人气,从而为正式

推向市场奠定基础。

三 目标用户、测试次数与周期

（一）目标用户

从用户数量来看，封测阶段进入游戏的玩家过多或过少都不利于测试，正常情况下数千至一万人即可，如果人数过多不仅会超过服务器的承载量，而且封测结束后删除数据会引发大量用户的不满。但如果人数过少的话样本量过少就不能充分暴露游戏的问题。

封测账号如何发放到目标用户呢？主要有两种途径：一是通过自有渠道例如官网、公众号、微博等发放；二是通过联运渠道发放。因为涉及封测数据保密的问题，封测账号首选自有渠道发放，在自有渠道不理想的情况下可以选择联运渠道。

（二）封测次数与周期

封测的主要目的在于发现问题、解决问题，因此多次反复测试可以让问题暴露得更彻底。一款游戏究竟需要封测几次并没有标准答案，主要取决于封测目的的实现程度，是否取得了想要的数据。

封测可以分为非付费测试和付费测试，非付费测试的周期一般是一周左右，付费测试的周期为 15—30 天。

四 封测的工作内容

表 4-1　封测工作内容一览表

封测前	封测中	封测后
1. 官网、论坛、客服、QQ 群的建设 2. 游戏服的安装及基本测试 3. 游戏资料、新手引导的制作填充 4. 封测服务期特殊的设置和活动（关闭充值、让玩家体验到付费内容、发放游戏币等）	1. 周期性的(一般每天)汇总玩家意见和 bug，反馈给开发人员 2. 观察玩家的流失点、流失时间 3. 分阶段的给玩家发放金币，统计玩家的消费数据 4. 自己在游戏里玩，伪装成玩家跟其他玩家沟通，了解玩家对游戏的真实感受 5. 观察玩家的交易行为和聊天行为，提出有针对性的整改意见	1. 解决游戏问题，并把设置改为内测设置 2. 将封测用户转化为内测用户（开放充值后，给这些玩家特殊的待遇或者奖励，来留住这批玩家） 3. 根据封测的数据，来制定内测的开服活动

任务实施

1. 根据下表，谈谈游戏封测的主要目的和内容。

指标	系统模块	技术封测要求	内容封测要求
画面	整体画面	完整	完整
	UI	基础框架完成	调整、改良
	贴图/图标	无	完整
系统支持	服务器访问	稳定	平均单台服务器 PCU200 负载是否≤2,平均单台服务器 PCU500 负载是否≤5
	占用资源	不过分占用	合理占用
	客户端浏览器兼容性	IE6、IE7、IE8、在 FLASH 版本 9、10 及 10.1 的支持	火狐、Chrome、Safari、Opera 兼容性表现
	网络带宽要求(掉线/异常)	解封游戏包速度,在带宽 10K—30K 的情况下网络丢包率、掉线次数和重连时间	优化
	长时间游戏,浏览器缓存占用	CPU 及内存占有率;根据合适目标用户群的平均配置情况,比如 AMD 单核心处理器型号 3 000—5 000,奔腾 4(1.7—2.6、内存 512—1G)这样的普通型机器的运行得分;持续体验游戏 1 小时内存占用量是否小于 300M,持续体验 3 小时内存是否小于 350M,一直持续不关闭内存是否控制在 400M 以内	优化
	页面载入/跳转	流畅	流畅
	LOADING	下载容量是否小于 RPG 游戏 4M、SLG 游戏 2M、休闲游戏 10M,第二次登录游戏的时间是否小于 30 秒,下载容量是否小于 1M	优化
	动画/特效播放	流畅	流畅
人物属性	角色属性设定	框架完成	调整、改良
	种族、技能	基本完成	调整、改良、补全
	成长数值系统	框架完成	调整、改良、补全
道具/装备	道具种类	基本种类完整	扩展种类完整
	道具效果	有效果	调整、修改 BUG
	装备种类	基本种类完整	扩展种类完整
	装备效果	有效果	调整、修改 BUG
	装备强化效果	有效果	调整、修改 BUG
交互系统	平衡	无	调整、改良
	聊天	无	调整、改良
	邮件	无	完整
	好友	完整	调整、改良

（续表）

扩展系统	组队	无	完整
	工会	无	完整
	PK	无	完整
	副本	无	一至三个完整副本
	团战	无	框架完成
	商城	无	完整
操作	新手教程	完整	调整、改良帮助体系完整
	操作感	流畅	流畅，响应迅速，符合玩家习惯
	战斗系统	完整	符合玩家口味，战斗特色明显
特殊系统	新系统教程	无	完整
	创新系统	无	无
数据分析	玩家行为分析	完整	完整
	玩家活跃度分析	完整	完整
	玩家关注系统分析	无	完整
	道具使用分析	无	完整

2. 根据任务导入提供的材料，分析封测测评报告应该包括哪些内容。

3. 请思考，当封测结束后要删档时，运营方应该如何补偿已经付费的玩家？

◎ 任务二　封测阶段的用户体验调查

▌任务导入

某游戏封测时间为 7 天，运营团队根据每天的游戏进度设计了 7 份签到问卷，不仅这 7 份问卷的内容有所不同，而且连导语都具有强烈的情境性。[①]

第一天：尊贵的冒险者，经过了第一天新奇的冒险，暂时放下手中的武器，告诉我您的测试体验吧！听说集齐了 7 个签到可以保留测试资格哦。

第二天：各位冒险者，第二天的冒险是否也顺利结束了？有没有交到好朋友呢？

第三天：经过三天的测试体验，××××有达到各位冒险者的心理预期吗？

第四天：应该陆续有冒险者达到本次测试的满级了吧，更广阔的大陆在等着你们探索哦。

第五天：采集生产也是冒险生活的一部分，诸位冒险者体验过了吗？

---

① 黎湘艳. 数据驱动游戏运营[M]. 北京：电子工业出版社，2020(2)，69.

第六天：和小伙伴们一起冒险是网络游戏的精髓所在，游戏的社交系统如何呢？

第七天：最后一天的测试，真舍不得大家，我们下次见！

知识准备

围绕封测发现问题、解决问题的主要目标，这一阶段的任务重点有两个，分别是用户体验调查和数据收集分析。数据收集分析在后面章节讲述，这里主要谈谈用户体验调查。封测期间进入游戏的数千玩家通常是资深玩家，他们的反馈可以帮助运营团队快速找到问题并且解决问题。

一　问卷调查

（一）什么是问卷调查

问卷调查研究作为社会研究中最常见的一种研究方式，主要用来系统地测量人们的行为、态度、观点、看法和社会形态特征。[①] 随着社会与行业的发展，现代企业管理越来越多用到"数据驱动型"决策模式，数据在各类决策中的重要性日益凸显，问卷调查作为收集数据信息的一种有效工具也得到广泛应用，从街头的随机问卷到全国性的人口普查，从传统的纸质问卷到现在的网络和社交媒体问卷，万事皆可"问卷调查"。游戏封测的目的是发现问题、解决问题，问卷调查就是发现问题的主要途径之一，而多数为抽样问卷调查。

（二）抽样问卷调查的步骤

封测阶段采用的问卷调查是典型的抽样问卷调查，即对选定的样本（封测玩家）进行调查，收集所需的数据资料。抽样问卷调查包括抽样、测量、推理、分析四个步骤。

首先是抽样。事实上封测用户的选择就是抽样的过程，通常运营团队会选择与游戏定位匹配度比较高的玩家来参与封测，这种选择有利于测试目标的实现。封测的问卷主要就是发放给这些被选出来的玩家。

其次是测量。运营团队编写合理有效的问卷并发放给玩家，收集真实可信的数据。发放的渠道有多种，可以是玩家登录系统时发放，也可以通过官网、联运渠道或者其他媒介发放。问卷调查最好采用一定的激励模式，例如玩家完成一定天数的问卷调查可以给予一定的奖励，等等。

再次是推理。运营人员在回收问卷之后，要对数据进行合理性推理，也可以称为数据清洗。例如，在问卷中玩家提到自己没有玩过游戏，但却对游戏提了很多建议，这种明显互斥的数据应该被视为无效数据并且过滤掉。

最后是分析。运营人员运用描述性和多变量统计分析方法，对收集到的数据进行分析并且得出可供团队决策使用的结论。

[①] 唐美玲，王明晖，王雁. 高校问卷调查研究方法与实践[M]. 上海：同济大学出版社，2019(5).

(三) 问卷设计

问卷设计是一个具有较高技术含量的创造性工作。一份完整的问卷通常包括标题、卷首语、问题与答案、结束语等,运营人员需要通过专门学习和反复练习来提高问卷设计的水平和能力。

1. 明确目的

问卷设计工作首先要明确目的。游戏封测的主要目的是发现问题、解决问题,运营人员在设计问卷的时候要着重询问游戏版本存在的问题,例如表 4-2 封测玩家问卷调查表样式一里面只涉及玩家在体验过程中遇到的问题。

2. 拟定初稿

问卷的提问可以分为开放式提问和封闭式提问,例如表 4-3 封测玩家问卷调查表样式二中就包括 14 个封闭式提问和 6 个开放式提问。开放式提问的优点是被调查者可以比较自由地发表意见,内容比较丰富,甚至可能有意外收获,缺点是可能会答非所问,而且结果统计整理的工作量比较大。封闭式提问的优点是填写方便而且规范,便于汇总统计,缺点是提问的范围受到限制。目前的问卷调查以封闭式提问为主。

控制调查项目的数量。为了避免被调查人员产生倦怠感,运营人员设计问卷时要注意控制调查项目数量,一份问卷的问题最好控制在 20 个左右,答卷时间控制在 30 分钟以内。

此外,问卷设计要有针对性、简洁、逻辑性强,问题的排列应由易到难、由浅入深,问卷的问题都要编码,等等。

表 4-2　封测玩家问卷调查表样式一

测试人		时间		游戏版本	
机器配置					
问题类型	□策划逻辑　□程序 bug　□美术瑕疵 □文字　□游戏安全			问题程度	
问题描述					
截图地址					
管理确认	测试管理人员对该问题进行回复,说明处理的情况				

表 4-3　封测玩家问卷调查表样式二

××××游戏封测玩家问卷调查表	
选择题:(共 14 题)	
1	您的年龄是? A. 18 岁以下　B. 18—25 岁　C. 25—30 岁　D. 30 岁以上
2	您的职业是? A. 学生　B. 上班族　C. 个体户　D. 无业待业

	×××× 游戏封测玩家问卷调查表
3	您平时每天玩 ×××× 游戏多长时间？
	A. 半小时左右　B. 1—2 小时　C. 2 小时以上
4	您之前是否参加过 ×××× 的论坛活动？
	A. 没参加过　B. 参加过
5	×××× 的美术画面你觉得如何？
	A. 较差　B. 一般　C. 还可以　D. 挺好的
6	×××× 的战斗效果你觉得如何？
	A. 较差　B. 一般　C. 还可以　D. 挺好的
7	游戏内进阶系统的性价比怎么样？
	A. 没啥性价比　B. 感觉有点鸡肋　C. 有一定性价比　D. 很有性价比
8	您觉得聊天系统使用起来是否方便？
	A. 很难用　B. 不太好用　C. 一般　D. 挺好用
9	是否会把任务系统当作目标？
	A. 会　B. 偶尔　C. 不会
10	目前版本商城抽卡可获取的五星武将对您有没有吸引力？
	A. 没有吸引力　B. 吸引力不大　C. 有一定吸引力　D. 很有吸引力
11	目前版本各部落对应的五星武将对您有没有吸引力？
	A. 没有吸引力　B. 吸引力不大　C. 有一定吸引力　D. 很有吸引力
12	是否能清楚地理解各个英雄职业的特点？
	A. 无法理解　B. 勉强可以理解　C. 可以清楚理解　D. 没注意，无所谓
13	能否清楚地理解各种阵型的特点？
	A. 无法理解　B. 勉强可以理解　C. 可以清楚理解　D. 没注意，无所谓
14	您觉得目前副本设计得是否合适？
	A. 很容易　B. 一般　C. 较困难

问答题：(共 6 题)

1	您的联系方式：角色名/QQ 号？（重要，用于核对发奖励）
2	目前这个版本，哪里让你觉得玩得最不爽？请举例说明。
3	您平时玩游戏用的是什么网络？（联通/电信，3G/4G，还是 WIFI）玩 ×××× 游戏时加载转圈的地方多吗？请举例/截图。
4	玩 ×××× 你感觉耗不耗流量？手机发热和耗电的情况怎么样？
5	有没有哪个英雄的设计您不满意，外形、强度还有技能等？请举例。
6	您觉得 ×××× 这个名字有吸引力吗？如果让您来给游戏取名字，您有什么建议吗？

（四）封测阶段的问卷调查

游戏封测的目的非常明确，游戏产品测量的指标和测度也相对明确，因此针对封测玩家的问卷设计相对来说无论是内容上还是流程上都比较简单。

问卷内容包括玩家信息、对游戏的感受以及建议。玩家信息主要是性别、年龄、职业、配置等；对游戏的感受可以从游戏的品质出发，包括游戏的视觉效果、音乐音效、可玩性、道具设定、互动系统、任务系统以及可操作性等角度提出问题；建议主要是开放性问题，可以让受调查者自由发挥。

问卷的发放和回收可以分为签到问卷调查和市场问卷调查。签到问卷调查侧重于游戏内容方面的调查，市场问卷调查侧重于市场营销领域方面的调查，主要是为了更多地了解用户的特点从而勾勒出用户画像。

二　访谈调查

（一）什么是访谈调查

访谈调查又称为访问法、询问法，是通过有目的地与被调查者直接交谈来获取数据资料的方法。

访谈调查也是被广泛应用的一种社会调查方法，其优点有三个方面：第一，收集的信息相对深入、全面。调查人员可以与调查对象面对面地沟通交流，不仅可以抓住外在的行为、事件，还可以把握被调查者潜在的观念、情感、动机和看法，甚至可以获取到一些意想不到的数据资料。第二，信息的可靠性。调查人员通过与调查对象的交谈，观察被调查者的各种反应，不断询问、追问和察言观色，可以确保获取的信息完整、准确、可靠。第三，调查方式较为灵活。访谈调查是一种即时性的调查，调查人员可以根据此情、此景、此人的状况随时调整调查方式，有针对性地开展工作，相较于其他调查方式而言，此方式较为灵活。但访谈调查的缺点也十分明显，具体体现在三个方面：第一是对于调查人员的要求较高，调查人员不仅需要具备充足的专业知识，而且需要有较为丰富的社会阅历和较为熟练的人际沟通技巧；第二是调查内容的局限性，例如有些敏感性、私密性的话题不适合当面询问，访谈法就会失效；第三是效率低、成本高，调查人员需要一个一个去访问调查对象，时间成本和经济成本都远高于问卷调查等。

（二）访谈调查的类型

从不同的角度来看，可以将访谈调查分为不同的类型，此处简单介绍两种分类方法。

首先是根据访谈调查过程中的控制程度，访谈调查可以分为结构式访谈和非结构式访谈。所谓结构式访谈，又称为标准化访谈，或导向式访谈，是按照事先设计好的、有一定结构的调查问卷进行的一种高度控制的访谈。[①] 这种调查方式也有调查问卷，但与问卷调查的不

---

① 姚小远，杭爱明. 市场调查原理、方法与应用[M]. 上海：华东理工大学出版社，2015(1).

同之处在于结构式访谈是由调查人员来提问并填写问卷。非结构式访谈,也称非标准化访谈,是一种比较自由的访谈形式。非结构式访谈的特点是事先不制定统一的调查问卷和访问程序,只拟订一个粗线条的访谈提纲,由调查人员给出某些问题,甚至只给被调查者一个题目进行自由交谈。在交谈过程中互相启发,使调查问题逐步深入。① 前者的特点是信息可靠性高但缺乏弹性,后者的特点是弹性大但调查结果难以量化。

其次是根据调查对象的人数,访谈调查可以分为个别访谈与集体访谈。个别访谈就是调查人员与调查对象一对一开展的访谈调查。集体访谈即常说的"小组座谈会",是调查人员同时与多个调查对象进行的访谈调查。前者的信息相对真实可靠,但成本高,后者的效率比较高但深度欠缺。集体访谈常用的方法有头脑风暴法和反头脑风暴法。

(三) 访谈调查的步骤

访谈调查的流程可以分为访谈前、访谈中和访谈后三个步骤。

首先是访谈前的准备工作。主要工作包括以下六点:一是选择恰当的访谈方法,二是编制调查问卷、表格或访谈大纲,三是拟定访谈工作实施程序,四是确定访谈对象,五是了解调查对象的背景资料,六是准备必需的访谈工具,例如相机、录音笔等。

其次是访谈中的具体实施。不同的调查人员在具体实施过程中需要注意以下几点:一是注意引导与控制访谈内容,调查人员应该始终认真倾听,控制访谈内容的方向,引导话题的深入,不要跑题;二是要认真记录,尽管可以访谈后再进行记录,但现场记录的效果更好,可以采用现场录音、事后整理录音稿的方式,这样可以避免影响调查对象谈话的连续性;三是控制时间和时机,通常情况下电话访问调查的时间控制在 5—10 分钟,街头访问的时间控制在 10—30 分钟,入户调查访问的时间控制在 20—60 分钟,深度访谈的时间控制在 2 小时以内,同时要选择适宜的时机对调查对象进行访谈,不要选择对方工作繁忙或生理倦怠期等不方便的时候进行调查,以免影响调查的效果。

再次是访谈后的资料梳理、分析。主要是对访谈调查中获取的信息资料进行分门别类的梳理和分析,并且作为封测报告的支撑材料,为下一步工作决策提供支持。

(四) 游戏封测的访谈调查

互联网技术的进步让人们对人际沟通的工具和载体有了更多的选择,游戏用户都是网络使用者,游戏封测的访谈调查就有了更多渠道和机会。

首先是网络访谈调查。例如调查人员可以通过 QQ 群、游戏社区等对封测用户进行访谈调查,可以是个体访谈,也可以是集体访谈,这种访谈调查效率比较高。

其次是线上访谈。例如通过问卷调查(参照表 4-3)、线上访谈等方式有针对性地获取用户的体验和感受,从而拿到运营人员想要的信息。

再次是线下访谈。这主要是深度访谈(也可以采用微信、视频会议等在线方式,视具体

---

① 姚小远,杭爱明.市场调查原理、方法与应用[M].上海:华东理工大学出版社,2015(1).

情况而定),访谈的内容除了与问卷调查重合的内容之外,可以采用开放式问题的方式,让用户谈谈封测中自身独特的体验与感受。

访谈调查可以针对不同类型的用户有不同侧重。例如针对轻度用户着重了解用户流失的原因,针对中、重度用户侧重于了解用户对操作和其他方面的体验情况。

任务实施

1. 参与一次游戏封测并且设计一份封测玩家调查问卷。
2. 合作完成一次封测玩家访谈调查,并提交访谈问卷或大纲以及访谈记录。

◎ 任务三　撰写封测测评报告

任务导入

《5 街区》游戏封测测试报告

一　游戏特征及相关

1. 游戏基本信息

游戏名称:《5 街区》

游戏类型:音乐舞蹈类休闲游戏

运营状态:2007 年 11 月 15 日第一次第三方技术 α 测试

开发公司:游戏蜗牛

运营公司:游戏蜗牛

官方网站:http://5jq. hanghai. com/

2. 游戏厂商信息

游戏蜗牛公司作为苏州蜗牛电子公司(www. snailgame. net)旗下的运营机构,2004 年 4 月在北京成立,2005 年 5 月将运营总部迁往上海。

蜗牛公司通过 6 年实践,已经成为一个全业务链的公司。从网游自主研发、分区运营,到海外版权交易、周边产品开发等,提供全方位的产品和服务。

蜗牛公司完全自主开发了《航海世纪》,是 2005 年的国产大作,并已出口到网游强国韩国、欧洲和北美等 20 余个国家或地区。目前正在开发运营的游戏还有《机甲世纪》和《5 街区》等。蜗牛公司还签下了欧美顶级大作《黑暗与光明》亚太区版权,共同联合开发。

3. 游戏基本信息

《5 街区》是一款有着浓厚街头文化风格的新型舞蹈类休闲游戏。既突出舞蹈类休闲网游的特色,又与其他同类游戏有着截然不同的风格。在确保游戏操作简便的同时,在其中适当的加入成长、对抗因素。《5 街区》中的场景、服饰、道具等物品的设计参考国外流行杂志，并支持玩家自由选择搭配各种服装饰品。

4. 游戏配置信息及测试环境信息

基本配置

CPU：IntelPIII 500

显卡：GeForce2 MX400

内存：128MB

硬盘空间：300M

DirectX：DirectX 9.0 以上

操作系统(OS)：Windows98/ME/2000/XP

推荐配置

……

二　游戏评定

A 暴力度

游戏没有暴力画面，也没有类似或者近似的暴力画面和文字。

B 色情度

游戏没有色情或者近似色情的画面、图片、文字。

C 恐怖度

游戏没有令人不安或者近似恐怖的画面、图片、文字。

D 社会道德度

游戏设计符合绿色游戏规范，没有容易造成青少年不良行为的图像和文字。游戏能给玩家带来休闲舒适的感觉，而不是感官上的刺激。

E 文化内涵度

游戏表现的是当前的街头文化，能让玩家真切地感受到街头文化所表达的崇尚自由、崇尚激情、崇尚挑战的特性。

F PK 行为

无其他网游常见的 PK，只有玩家之间的舞技比拼。比拼的胜负不会对玩家角色造成什么影响。

G 非法程序(外挂)

目前测试期间没有发现外挂的踪迹。

H 聊天系统的文明度

正常，能自动过滤绝大多数的不文明用语。

Ⅰ 游戏时间限制

游戏不需要长时间练级,也不需要长时间挂点。玩家可以随时进入游戏。

三 游戏总结

(一) 综合评分

游戏最后得分 94 分,扣分原因是测试版本缺少新手帮助。另外游戏在交互方面例如聊天、交易等,也有所欠缺。

这个游戏的总体思路不错,以青少年感兴趣的街舞为卖点。在道具、背景、舞步的企划上都非常贴近现实,给玩家一种身临其境的真实感。

游戏需求的硬件条件不高,游戏画面却异常绚丽,和同类游戏相比,可以说提升不止一倍。

游戏一改常见的小房间设置,被设置为大舞场。这样玩家不仅有一个展现自我的舞台,也可以发泄过剩的精力。

(二) 分级结果

游戏符合当前绿色网游的评定标准,游戏中没有任何血腥、色情、暴力、淫秽、反动的图片和文字,也没有容易造成青少年不良行为的设置,适合绝大多数的网民,包括 14 岁以上的青少年。适当的游戏,不但能打发无聊的时间,也能很好地缓解生活、工作、学习带来的压力和疲劳。

知识储备

一 游戏封测测评报告的结构

游戏封测工作结束后,运营人员会将收集的玩家反馈信息整理、分析,形成一份测评报告,并将之提交相关部门,相关部门可以依据报告的内容进行相应的优化完善工作,以期尽快实现版本迭代。封测测评报告一般分为三个部分:游戏背景信息、系统测试反馈、总评。

(一) 游戏背景信息

这部分内容包括游戏基本信息、游戏厂商信息、游戏配置信息。

游戏基本信息主要是游戏名称、开发商、代理商和游戏类型等。游戏厂商信息包括厂商名称、所在国以及简要的公司介绍。游戏配置信息主要是官方的建议配置、最低配置以及测试游戏时所用机器的配置。

这一部分内容简洁为宜,无须过多展开。

(二) 系统测试反馈

这一部分内容是封测测试报告的主体,要尽可能详尽。不同类型的游戏涉及的评价对象和内容可能会有所区别。

1. 游戏背景

概括介绍游戏的背景,例如故事发生的时代、故事梗概、游戏的设计特色等,可以做出评价、提出建议。

2. 职业系统

对游戏中的职业或者角色进行介绍,并对每个职业或角色的特点进行分析说明,着重描述玩家对职业系统的评价,如果玩家有相应的建议也可以如实反映。

3. 画面/音乐系统

主要是玩家对游戏画面与音乐的感受与体验,画面和音乐也是影响玩家体验的重要因素,将玩家的反馈加以归纳、整理,提交相关部门进行优化处理。

4. 操作系统

归纳、总结封测玩家对游戏的操作系统的反馈情况,着重反映问题与缺陷,并列出具有可行性的建议。

5. 任务系统

从人物剧情的可玩性以及任务操作的难易程度等维度进行评价,反馈问题,提出建议。

6. 道具系统

道具系统往往又可以细分到多个子系统,分别对其进行评价描述,反馈问题,提出建议。

7. 社会系统

针对游戏设计的社会行为进行评价反馈,例如组建工会、战盟及发动大型战争等。

8. 战斗系统

对游戏设计的战斗的操作方式、技能系统的平衡性、PK 的设定以及个人的成长修炼等进行相应评价、反馈。

9. 交互系统

网络游戏的主要功能之一就是玩家之间的交互,包括聊天、交易、组队等,对其便利性等进行评价、反馈。

10. 特色系统

除了上述系统之外,每个游戏都有自己的特点、亮点或卖点,对其进行评价、反馈。

(三) 总评

这一部分主要是总体评价,对游戏的整体情况进行评价,提出优化建议。

二　游戏绿色度测评

文化部曾经在 2004 年出台过《绿色游戏评定标准方案》,此后游戏封测测试报告中会有一个版块依据该《绿色游戏评定标准方案》中的 7 项标准来评价游戏的"绿色度",但 2019 年文化和旅游部不再具有管理网络游戏的职能,由中宣部主管网络游戏,对于网络游戏的绿色度以及分级管理暂时没有官方规范标准。

目前影响比较大的是中国青年网发布的《专属网络内容绿色度测评依据(试行)》和《专属网络内容绿色度测评规程(试行)》,前者将评价指标分为静态评价指标和动态评价指标,静态评价指标包括暴力度、色情度、恐怖度、颓靡度等四项指标,动态指标包括管理不良度、广告不当度、时间消耗度、恶意 PK 度和货币消费度,每项指标又分为 0 度、1 度和 2 度,根据评价结果将游戏分为五个等级:一是建议 6 岁以下年龄段人群(相当于学龄前儿童)不要使用,或需要监护人陪同和指导;二是建议 12 岁以下年龄段人群(相当于小学生及以下)不要使用,或需要监护人陪同和指导;三是建议 15 岁以下年龄段人群(相当于初中生及以下)不要使用,或需要监护人陪同和指导;四是建议 18 岁以下年龄段人群(相当于高中生及以下)不要使用,或需要监护人陪同和指导;五是建议 18 岁以下年龄段人群(相当于高中生及以下)不要使用,而且可能给用户带来较大负面影响。

绿色度测评最终也形成一份报告,其基本框架包括运营商情况、测评结果、静态指标、动态指标和总评五部分,例如《英雄联盟》绿色度测评报告。

《英雄联盟》绿色度测评报告①

此报告只是相关专家根据《专属网络内容绿色度测评依据(试行)》对《英雄联盟》做出的初步测评报告,仅供评委和社会各界参考。最终结果由中国青年网依据《专属网络内容绿色度测评规程(试行)》组织专家评审委员会审定。

一、游戏运营商情况

游戏名称:英雄联盟

游戏类型:客户端网络游戏

测试平台:PC

游戏运营商:腾讯游戏

二、测评结果

星级:

静态:A1/B2/C0/D0

动态:E0/F0/G0/H0/I1

根据《专属网络内容绿色度测评依据(试行)》中相关测评指标,得出结论:由于在

---

① 《英雄联盟》绿色度测评报告[EB/OL]. https://t.m.youth.cn/transfer/index/url/youxi.youth.cn/vsdcp/202007/t2020071612411459.htm. [2020 - 7 - 31].

全部指标中,色情度达到 2 度,且其他指标均不高于 2 度,因此建议 15 岁以下年龄段人群(相当于初中生及以下)不要使用,或在监护人指导下使用。

评星级别:(即使绿色星级很高,同样有可能导致沉迷)

建议 6 岁以下年龄段人群(相当于学龄前儿童)不要使用,或在监护人指导下使用;建议 12 岁以下年龄段人群(相当于小学生及以下)不要使用,或在监护人指导下使用;建议 15 岁以下年龄段人群(相当于初中生及以下)不要使用,或在监护人指导下使用;建议 18 岁以下年龄段人群(相当于高中生及以下)不要使用,或在监护人指导下使用;建议 18 岁以下年龄段人群(相当于高中生及以下)不要使用,且可能带来较大负面影响。

三、游戏静态指标

A. 暴力度 A 1

原因:存在战斗所必须的内容,但并无过多刻画。

游戏本身属于竞技类型的网络游戏。游戏中包含了一定的战斗内容,但对于战斗内容并没有过多的刻画。鉴于此,该指标暂定为 1。

B. 色情度 B 2

原因:存在对女性身体敏感部位的一定刻画。

游戏中每一个人物都有自己专属的形象设计。其中部分女性角色的人物形象从外观上看,略显暴露,但并未过分夸张,仍以体现女性身体健康美为主。鉴于此,该指标暂定为 2。

C. 恐怖度 C 0

游戏背景音乐及配音轻松、明快,目前未发现会导致用户在视觉、听觉或心理方面感到恐怖的内容。鉴于此,该项指标暂定为 0。

D. 颓靡度 D 0

该游戏主题健康,无粗俗文字、图片、视频及不良用语等。主题和内容等方面符合我国国情和道德规范。鉴于此,该项指标暂定为 0。

四、游戏动态指标

E. 管理不良度 E 0

在游戏进行的过程中,玩家可以通过文字的方式进行沟通交流。在测试过程中,未发现有玩家在游戏中使用文字相互攻击的情况。鉴于此,该指标暂定为 0。

F. 广告不当度 F 0

测试期间,在游戏中并未发现涉及不良信息内容的广告设置。鉴于此,该指标暂定为 0。

G. 时间耗费度 G 0

游戏本身设置有家长守护平台。按照平台要求,如果玩家不满 18 周岁,属于未成年人,游戏在进行 1 小时后会直接按要求强制下线。鉴于此,该指标暂定为 0。

H. 恶意 PK 度 H 0

游戏本身属于竞技类 PC 游戏,游戏中玩家相互对战就是该游戏的主要内容。鉴于此,该指标暂定为 0。

I. 货币消费度 I 1

原因:存在限时抽奖的游戏内容,花费较大。但此款游戏已纳入腾讯成长守护平台。

游戏在测试期间,存在"幸运一夏"抽奖内容。玩家可以通过抽奖的形式获得英雄的稀有皮肤。

单次抽奖花费为 200 钻石(折合人民币 20 元)。

该设置容易导致玩家通过花费人民币的方式来随机博取需要的皮肤,设置本身带有一定的博彩性质。

该游戏公司将此款游戏纳入了腾讯成长守护平台,家长可在微信公众号中对未成年人的游戏时间和消费限额进行限制。将消费限额设置为 0 元,随后使用相关联的未成年 QQ 号进入游戏,购买价值 1 元人民币的点券进行充值,随后显示购买受限无法充值,说明超级家长的设置在游戏中发挥了一定作用。一方面这要求家长能很好地使用该平台,另一方面毕竟此款游戏有疑似抽奖设置,容易让未成年人通过各种手段规避家长的限制。鉴于此,该指标暂定为 1。同时提醒家长和社会,如果不能很好地使用该平台来对孩子进行监护,则此项指标将为 3。

五、综合评定结果

星级:

静态:A1/B2/C0/D0

动态:E0/F0/G0/H0/I1

根据《专属网络内容绿色度测评依据(试行)》中相关测评指标,得出结论:在全部指标中,只有色情度达到 2 度,且其他指标均不高于 2 度,因此建议 15 岁以下年龄段人群(相当于初中生及以下)不要使用,或在监护人指导下使用。

任务实施

1. 根据任务导入的材料,谈谈游戏封测测试报告包括哪些内容。

2. 选择自己熟悉的一款游戏,仿写一份游戏封测测试报告。

项目五
游戏产品运营的内测

项目概要

内测是游戏生命周期里的第二个阶段,即在封测的基础上推出的比较完善的游戏版本大规模推向市场的过程。本项目在介绍内测的概念、目的、工作流程和内容的基础上,着重阐述手游内测的渠道接入和游戏内测阶段的版本更新两个问题,使读者对内测工作有更明确的认识和把握。

知识目标

1. 了解内测的概念、目的、工作流程和内容。
2. 熟悉手游渠道接入的流程和版本更新的类型及流程。
3. 掌握手游渠道接入的工作内容及注意事项、版本更新的工作内容。

能力目标

1. 学会手游提交渠道的方法和技能。
2. 学会版本更新的工作方法和技能。

○ 任务一　认识内测

任务导入

内测:万人抢码、8 秒秒杀[①]

《烈日纷争》在 3 月的封测取得了第 2 天留存率 81％、第 7 天留存率 42％的好成绩,不论是对于 HOPE 工作室还是整个游戏行业来说,表现都算优秀。封测结束后用户意犹未尽,何时开启内测一直是广大用户关注的焦点。项目团队也在紧锣密鼓地准备下次的测试。

在做好各项准备工作后,《烈日纷争》于 7 月开启了新一轮测试,测试用户规模较大,开启了付费功能,不删档,行业内称之为"内测"。其中,测试的留存率数据进一步验证了游戏品质,为后续的市场资源调配提供参考。开启付费功能是为调通支付、计费等接口,验证新版本中是否已经修复了封测中发现的 Bug,为公测的顺利运行做准备。

[①] 黎湘艳.数据驱动游戏运营[M].北京:电子工业出版社,2020(2),69.

不同于其他大多数游戏的测试模式,参与《烈日纷争》内测需要先购买通行证(后面统一称为"激活码"),激活码限时、限量发售,用户只有购买到激活码且在官网激活后才有资格参加内测。为了实现这个功能,从制定运营计划到预售,再到开启内测,项目团队和 F 计划小组做了精心而全面的准备工作。

知识准备

一 什么是内测

内测是游戏生命周期里的第二个阶段,即在封测的基础上推出的比较完善的游戏版本大规模推向市场的过程,也被称为 OB(Open Beta)。内测与封测的区别除了用户规模、版本质量、系统稳定性等之外,主要在于内测不再删档。

二 内测的目的

(一) 拓展用户群体,获得利润回报

封测阶段的游戏产品是小规模的推向市场,主要目的是获取用户反馈从而完善游戏产品的品质。到了内测阶段,推向市场的游戏产品已经臻于成熟、完善,可以进行大规模营销、推广,其首要目的就是拓展用户数量和质量,从而尽快收回成本并且实现盈利。

(二) 拉升关键 KPI,获得渠道重视

对于游戏产品而言,"渠道为王"任何时候都不过时。在内测阶段,游戏产品如果能够获得优质渠道的重视,获得更多的资源和推广,对于其占有市场、实现盈利无疑是重大利好的。而获得渠道重视的关键就在丁内测阶段游戏产品的各项指标,渠道方会依据内测阶段该游戏产品的指标表现来决定后续的资源的安排和商务合作。

(三) 不断宣传造势,为公测奠定基础

一般而言,游戏产品的生命周期包括封测、内测和公测三个阶段。但是仔细考察游戏市场,我们会发现很多游戏产品在内测之后并没有进入公测阶段,这说明该产品在内测阶段的各项指标并不尽如人意,市场反应平平,盈利情况也差强人意,在多方面因素影响下运营商就放弃了公测。因此,游戏产品在本身质量过关的情况下,在内测阶段需要不断宣传、造势,获取更多的关注和盈利,才能顺利进入公测阶段。

三 内测的工作流程及内容

(一) 内测准备

1. 用户运营准备

内测阶段的首要任务就是获得更多的用户,因此针对潜在用户的宣传、推广尤其重要,

运营人员要运用多种渠道进行游戏产品的营销推广,既要在短时间内拉入较多的新用户,又要提升用户的留存率。在内测开始之前,运营人员要做的工作就是将游戏产品即将开始内测的信息有效送达潜在用户,确保潜在用户明确知道游戏产品内测各项信息,从而让他们在内测开始之后能够无障碍地进入游戏。可以通过邮件、短信、弹窗、广告等各种方式来完成。

2. 内容运营准备

表 5-1　内测前期内容运营准备工作目录

任务	内　　容
美术素材	最终版本 icon(图标),最终版本截图、视频
账号申请	百度贴吧、微博、微信、抖音等
官网建设	网站设计制作、游戏资料及攻略撰写
百度贴吧	精品区分类、按区填充内容、游戏资料加载
微信建设	设置自定义菜单、自定义回复设置、微信发码功能开发等
百度百科	确保审核通过

内容运营主要是通过创造、编辑、组织、呈现游戏内容,提高游戏产品的内容价值,从而增强游戏玩家的关注度和黏性。内容运营包括媒体管理和社区管理,在内测准备阶段,内容运营的主要工作是媒体账号的申请,包括百度贴吧、微博、微信等;游戏官网的设计制作、游戏资料及攻略的撰写;百度百科的审核通过;等等。

3. 渠道运营准备

对于游戏产品而言,"渠道为王"任何时候都不过时,获取尽可能多的优质渠道也是游戏产品运营的理想状态,但是囿于种种条件限制,游戏产品只能选择部分渠道进行分销推广。内测阶段的渠道运营准备工作也比较繁杂,主要包括技术接入、客服后台介入、渠道评测需求、上架素材准备、提交渠道、内测模拟、开服检查等。

表 5-2　内测前期渠道运营准备工作目录

任务	内　　容
文件准备	软件著作权,商标
渠道商务流程	商务合作洽谈,合同签订等
技术接入	渠道 SDK 接入,客服后台接入
渠道评测需求	评测包,100 个高级账号(高等级、功能全开、大量元宝和 VIP 等级)
上架素材准备	询问各渠道喜欢的 icon,产品的相关资料,美术素材,著作权及营业执照等证明
后台检查	后台统计数据检查,客服后台所有功能验收,gm(游戏管理员)所有功能测试

（续表）

任务	内 容
提交渠道	后台上传客户端,填充游戏专区信息,告知下载时间和开服时间,跟进审核进度,打回后重新提交
模拟	开服模拟,更新模拟,宕机、停服、事故模拟,客服问题模拟
开服检查	检查下载页面各个流程和功能

4. 活动运营准备

每个游戏产品的活动在内测开服之初就已经制定了详细的计划,因此在内测准备阶段就需要对相应的活动进行准备,包括游戏内活动、5 星好评活动、加 QQ 群活动、论坛踩楼活动、微信礼包活动等,同时还要跟技术团队对接,完善游戏内活动配置。

(二) 内测正式运营

游戏产品内测正式开服以后,运营团队主要就是按照运营计划,按部就班、各司其职地完成用户、内容、渠道和活动的运营工作。当然,内测过程中运营团队要持续进行游戏产品的版本更新,从而始终保持用户对游戏的新鲜感、好奇心和良好的体验,从而不断提升各项KPI。一般而言,游戏产品的内测运营策略包括以下三点。

1. 明确产品的优劣势

内测阶段,游戏产品需要进行竞品分析,明确产品的优劣势。如图 5-1 所示,某游戏的运营团队在确定自身产品内容与目标客户后,内测阶段的产品运营还需横向与市场同级产品进行对比,通过分析自身产品相较于同级产品的市场优劣势,更加明确该产品的市场核心竞争力。

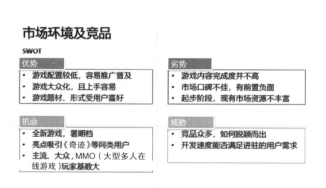

图 5-1 某游戏产品市场 SWOT 分析

2. 明确市场环境及推广路线

在用户分析、竞品分析的背景下,运营团队需要明确市场环境及推广路线。如图 5-2 所示,某游戏运营团队运用大数据分析,得出当时用户最感兴趣的宣传方式与推广方式,从而得出最佳推广路线。

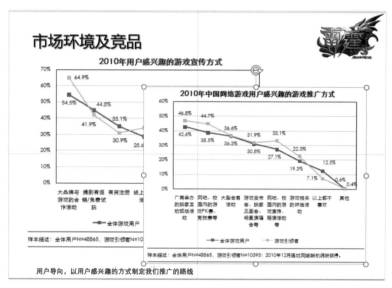

图 5-2 某游戏市场环境分析

同时,如表5-3,制作、细分执行关键绩效指标的收支表也非常重要,通过测算各类渠道的收入支出比,能有效选择出最佳推广路线。

表 5-3 某游戏内测阶段执行关键绩效指标

媒体(硬广)	垂直门户——17173
	垂直门户——多玩
	下载类——迅雷
	搜索——百度竞价
	网吧——易游
公会	YY 语音公会活动
	公会宣传软文奖励
	内测宣传视频制作
	灌水口碑
营销/事件	营销事件——策划创意视频系列
	营销事件——研发 MM(美女)军团
	营销事件——公会美女选拔
	营销事件——代言/COS/美女系列
	营销事件——流行视频改造/话题借力
	营销事件——微博营销案
	营销事件——发股票

(续表)

软性/官网/其他	媒体新闻、新内容等免费资源曝光
	公会软性招募
	核心用户口碑传播
	平台用户召回(短信、邮件)
总费用/注册量	官网改版/活动/自然增加
	预估总注册量
参考值	百度指数
	官网 PV
	官网独立 IP

任务导入

1. 以开展的工作任务为导向,简述封测与内测阶段的区别。
2. 寻找一款你熟悉的游戏产品,简述其优劣势与市场环境。

◎ 任务二 手游内测的渠道接入

任务导入

手游渠道推广的合作方式

联运——即手游 CP 和手游渠道联合运营一款游戏,手游 CP 提供产品、运营和客服,手游渠道提供用户,手游 CP 需要接入渠道方的 SDK,才能上线运营,双方按照分成比例进行分成。因为接入了渠道的 SDK,所以数据后台用的是渠道方的,结算时是渠道分钱给 CP。

CPS——按照收益进行分成,CPS 和联运都是按照收益进行分成,但区别在于,CPS 不需要接入渠道的 SDK,用的是 CP 方的数据统计后台,结算时是 CP 分钱给渠道,而联运则是渠道分钱给 CP。CPS 的优势是不需要接入 SDK 就可以上线,可以快速合作。联运的优势则是更深度的合作,联运的渠道拥有一些深度的推广资源。

CPA——在手游行业里,CPA 的意思有两种。第一种 CPA 的 A 是指注册,即每有一个用户注册了游戏账号,CP 付给渠道一定费用。第二种 CPA 的 A 是指联网激活,即每有一个用户联网激活并登录了游戏,CP 付给渠道一定费用。

CPD——即按照下载进行付费的方式,CP 的手游每有一次下载,CP 就要向渠道支付一定费用。

CPT——即时长广告,也称硬广,一般是指从 24 时到次日 24 时,按照时间来计费的付费广告推广形式,CPT 广告一天的价格在 5 000—12 000 元不等,属于成本最高的推广方式。一般都是有钱的大 CP 或者回本情况比较好的游戏才会这样做。

CPL——即按照游戏用户在游戏里的等级付费,比如用户 5 级的时候付 1.5 元,10 级的时候付 2 元,30 级的时候付 2.5 元。这种推广方式并非主流推广方式。

知识准备

与端游(客户端游戏)、网游(网络游戏)相比,手游(手机游戏)更加依赖渠道推广,因此在内测阶段手游渠道接入工作是主要的任务之一。通常情况下,为了获得更多的用户量,一款游戏产品需要接入多个渠道,有的甚至需要接入几十个,而且不同渠道的接入需求、测试需求并不统一,这就使得渠道接入的工作变得复杂而繁重,因此运营人员熟悉和掌握渠道接入工作的流程、内容和注意事项就非常有必要。

一 手游渠道接入的八个步骤

(一) 商务对接

商务对接的主要工作是联系到渠道的商务人员,确定合作关系,签订合同。目前各个渠道的基本信息可以在其官网获取,运营人员可以根据需要选择合适的渠道去联系对接。

(二) 游戏评测

当确定要接入之后,渠道会对游戏进行评级。几乎所有渠道都采用 S、A、B 的评级方式,S 级是最好的游戏,A 和 B 级次之。游戏评级的标准如图 5-3 所示。

360A级游戏指标						
产品类型	开放平台评级	注册转化率	注册次日留存率	注册3日留存率	活跃次日留存率	活跃3日留存率
传统RPG	A级	38%↑	37%↑	23%↑	75%↑	70%↑
音乐类	A级	40%↑	45%↑	30%↑	70%↑	60%↑
SLG策略	A级	38%↑	36%↑	20%↑	65%↑	55%↑
ACT动作	A级	35%↑	40%↑	30%↑	75%↑	65%↑
棋牌类	A级	37%↑	50%↑	32%↑	70%↑	60%↑
消除类	A级	34%↑	30%↑	23%↑	60%↑	45%↑
模拟经营	A级	38%↑	35%↑	20%↑	65%↑	55%↑
卡牌	A级	35%↑	35%↑	23%↑	78%↑	71%↑

图 5-3 360A 级游戏指标

表 5-4 渠道审核游戏标准

上线前评分标准		
1	游戏画面	背景层次丰富、鲜明,制作是否精细,发色数的高低,各场景间风格差异是否明显
2	游戏性	可选择的模式是否多样,游戏中的任务安排是否合理,是否可以选择已经完成的关卡或场景反复战斗,场景中有没有 BUG,关卡长度长,地形、敌人、任务样式是否丰富,BOSS 动作有无魄力并且行为是否经特殊设定
3	操作性	游戏运营是否流畅,游戏按键位置是否合理,设计是否贴心,整体节奏是否符合该类游戏要求
4	界面选项规范	菜单选项设计是否具有逻辑性,载入时间是不是适中并且有无进度标识,确认、返回是否有明确文字表示,声音、振动等功能是否可在游戏设置选项中开启或关闭,游戏进行中是否有明确引导,是否可自动或手动存储游戏进度
上线后评分标准		
1	有资源	日点击量、日下载量、次日留存、三日留存、七日留存、付费率、ARPU(每用户平均收入)
2	自然量	日自然点击量、日自然下载量、次日留存、三日留存、七日留存、付费率、ARPU(每用户平均收入)

360手机助手				
指标	即时制RPG		回合制RPG	
	S级	A+级	S级	A+级
推广注册(带资源)	4000+	3000+	3500+	2500+
次日留存(账号)	50%	40%	48%	40%
7日留存(账号)	30%	25%	30%	28%
月付费率	5%	4%	6%	4.50%
登陆ARPU	7	5	6	4.5

图 5-4 360 手机助手游戏评级标准

　　渠道评测之后,会根据这份评测报告来安排相应的资源投入,具体表现在平台上的推荐位置、渠道与 CP 或者代理分成的比例、创业团队的扶持金等。后续的资源投入主要看游戏的数据表现。渠道的评测非常重要,尤其是上线前的评测非常关键,它直接影响到游戏产品在第一波资源投入后能获得多少用户,关系着后续资源的投入与分配。

　　(三) 创建游戏

　　游戏产品通过渠道评测并确定接入之后,运营人员开始着手在渠道后台创建游戏,如果渠道没有开发者后台,工作人员就需要采用人工方式进行创建。创建游戏过程中,渠道会提供三个核心参数:App ID,App Key,App Secret。其中 AppID 主要是用来区分不同的产品,

App Key 和 App Secret 一般用来签名和充值验证。当然,不同的渠道提供的参数存在一定差异,例如有的渠道 App ID 和 App Key 相同,有的渠道还会提供其他参数。

(四) 打包

第四个步骤是打包,主要由技术人员来完成。运营人员将渠道提供的参数和游戏产品的打包名提供给技术人员,由技术人员按照渠道的要求完成相应工作。技术人员可以对应不同渠道逐一打包,但这种做法工作量比较大,也可以接入 SDK 集成工具来提高打包的工作效率。

打包过程中需要注意的是有些渠道对于游戏产品的包名有特殊限制,技术人员需要按照渠道的要求来设计包名。如果渠道没有特殊需求,技术人员可以按照常规做法来设计游戏产品的包名。

(五) 内部测试

内部测试是在打包完成后运营人员自我测试的环节,包括游戏功能测试和 SDK 功能测试。

1. 游戏功能测试

主要是测试游戏在完成渠道接入后,系统是否稳定,是否存在什么问题。每个系统都需要测试一遍,保证每个功能都能正常地运转,没有什么致命的问题。

2. SDK 功能测试

主要是用户登录和支付功能的测试,除此之外还包括版本更新、社区和客服功能的测试。

内部测试是在渠道审核之前进行的自我测试,非常重要、必不可少,可以尽早发现并解决问题,如果不进行内部测试直接提交渠道审核往往会错漏百出,影响渠道审核结果。在内部测试中,工作人员需要注意两点:一是要对每个渠道的渠道包逐一测试,因为每个渠道的情况不尽相同,存在的问题可能也大相径庭;二是如果渠道提供自测文档,工作人员需要对照文档完成所有项目的测试,不能存在侥幸心理。

(六) 提交渠道

表 5-5 游戏提交渠道所需资料

项目	资料
基本信息	游戏名称、游戏分类、游戏简介、游戏 slogan、包大小、包名、游戏简介 ppt
测试内容	测试类型、预计上线时间、是否首发、是否独家代理、收费类型、自测文档反馈、安装包
对接人员信息	客服电话、客服负责人及联系方式、运营负责人及联系方式
相关文件	代理授权书或著作权证书、营业执照、软件著作权
美术素材	Icon、游戏截图

工作人员需要将游戏包提交相应渠道,有后台提交和人工提交两种方式可供选择。同时,还有一些相关资料信息需要同时提交渠道,主要是游戏的基本信息、测试内容、对接人员信息、相关文件以及美术素材等。

(七)渠道审核

渠道收到游戏包之后会进行审核,运营工作人员需要经常关注渠道的审核进度,如果游戏审核没通过被渠道打回,就需要尽快根据审核意见进行整改后重新提交。

此外,因为每个渠道审核游戏都有一定的周期,并且每个渠道的审核周期也不尽相同,运营人员在提交游戏包之前需要充分考虑这一因素,预留一定的时间,以免因为没有考虑渠道的审核周期而影响游戏的上线时间。如果游戏在多个渠道上线,工作人员至少要提前5个工作日提交渠道,为渠道预留审核时间,审核过程中工作人员也要多留意渠道的审核进度,对于进度较慢的渠道,工作人员可以进行沟通以免耽误整体上线计划。

(八)上架

渠道审核通过后的最后一个步骤就是上架。工作人员与渠道事先沟通协调好上线时间,然后不断跟进,确保产品按时上线即可。

二 手游渠道接入注意事项

(一)产品名称、关键词与简介

一款新的游戏产品上架后,能够让用户方便快捷地搜索到、关注到与其名称以及上架的关键词密切相关。研究显示,App Store 和 Google Play 约半数用户是使用检索功能寻找新应用,因此游戏产品上架前的名称、关键词与简介的设计需要一定的技巧。

1. 符合用户的阅读习惯

从用户的阅读习惯出发,游戏产品的名称应该是简洁易读、朗朗上口的,最好不要超过四个字;关键词可以缩写,但避免高频、无意义的词,例如“切水果”三个字,在应用商店中搜索会出现几十个应用;还有简介,一大段的应用描述中,用户能看到的通常只是前两三句,因此简洁易懂、直击要点是必然要求。

2. 符合 ASO(应用商店优化)的规则

用户的搜索查询通常包含匹配游戏类型的一般词组(如“谜题”)或者反映用户个人兴趣的关键字(这在所有搜索查询中占比高达 80%)。工作人员在设计产品名称、关键词时就要考虑在名称中植入最合适的查询字眼,也就是说这种查询字眼必须适合游戏,并且具有关联性。

除此之外,还要考虑游戏载体的实际情况。例如 App Store 中标题符号最佳字符量是 35,含有冗长字词的标题可以缩短。App Store 所允许的最大字符量是 255,但 iPhone 用户在应用页面只会看到前面 70 个字符。Google Play 的最佳数量是 25,尽管实际上最多可以添加至 30 个字符,但这么做应用的全称就无法完全显示在搜索结果中。因此,游戏产品上架时的关键词应尽量控制在 2—5 个,尽量采用可以让潜在用户在首次看到应用时就能清楚了解游戏内容的关键词。

(二) 版本发布

版本发布可以选择"手动发布"和"自动发布"。如果选择手动发布,游戏产品会按照"定价"里面设置的时间上架;如果选择自动发布,游戏产品直接将"定价"里的时间改为现在上架。通常情况下会选择手动发布,可以较准确地配合市场进行推广投放。

渠道对于游戏的首次提审审核时间较长,工作人员通常需要预留半个月的时间。上架时间一般会有 1—24 小时的延迟,所以最好预留 1 天的时间。

(三) 浏览视频

与 icon 和截图相比,浏览视频(Preview)能够更加直观地展示游戏产品的特质,因此工作人员应该事先精心制作游戏产品的浏览视频,以便于更好地吸引潜在用户。浏览视频的时长控制在 15—30 秒,大小控制在 500MB 以内,内容主要是展示游戏的特质、核心功能以及用户界面。除此之外,还应该注意以下事项:

① 针对不同的设备准备不同分辨率的浏览视频,可以分为横屏与竖屏;

② 视频尽量使用游戏的原始素材,不要过度加工;

③ 避免包含有争议的、暴力的、成人的,以及不敬的内容;

④ 着重展示游戏的玩法与特质,不要过场动画;

⑤ 不要涉及临时性内容。

任务实施

1. 选择一款熟悉的手游产品,分析其渠道运营的模式。

2. 选择 6 个渠道,收集这些渠道的核心参数信息。

◎ 任务三 内测阶段的版本更新

任务导入

2012 年,FPS(第一人称射击类)游戏《穿越火线》(Cross Fire,简称 CF)的新版本《潜龙危机》上线,新版本主要是从新地图、新武器和新道具三个方面来实现更新的。

1. 新地图

在 CF 的更新版本中,我们可以看到,在文字介绍之后,常常会配上几张地图的原画,从不同的角度来帮助玩家对地图建立初步的印象。而且新地图还能带来人气的提升,增加用户的在线时间,增加用户黏性,借助地图包装其他 IB(免点卡费用但是销售道具)模式等也是很好的营销策略。同时,可以告诉玩家,持新品打新地图会非常厉害,这件事对于付费玩家是非常有诱惑力的。在 CF 这个新版本中,玩家可以在新地图实战的截图中看到,新版本中玩家所持武器和道具均为该版本的新品,这也侧面地帮助游戏宣传了新版本的武器,同时,也给玩家展示了新武器在游戏中的实战效果。

2. 新武器

新武器界面推出了 5 把武器。腾讯在新武器的介绍和推广方面做得很深入,首先每把武器都有配图,其次武器设置各种参数,再次尽管是一把存在于游戏中的武器,改变后武器的特性和改变的地方都给玩家做了详细地描述。最重要的一点是,武器的特点描述得非常详尽,并且是按照玩家的认知描述的,比如射速快、穿透力强、换弹快、弹道精准、轻。这些特点是玩家在 FPS 游戏实战时最为关注的几个要素。除此之外,CF 采用了两套解释和介绍武器的办法,参数法和大众法。对非高端玩家而言(大部分人都是非高端玩家)采用了大众法,采用这种办法的原因就在于消费者喜欢简单,讨厌复杂,按照大众的思考模式,把参数化的武器分解介绍,达到易于玩家理解的程度,这对玩家来说是一种非常强烈的关怀。

3. 新道具

新道具种类繁多,除武器以外统称为新道具,其宣传也遵循武器宣传的方法,宣传的重点是道具在游戏内的功能和能够给玩家带来何种收益,比如经验加成。

4. 其他更新——功能优化

例如黑鹰计划版本优化,功能优化的每个细节都配上图片,同时增加红色线框,提醒玩家注意使用,这同时也降低了玩家的学习成本。在游戏内容和功能非常多的情况下,每一个改动和优化都有可能使玩家不习惯,需要玩家重新学习,因此配图并说明改进是尊重玩家,也是在降低玩家的负担。此外,针对优化部分新的使用方法和步骤,CF 中都有明确介绍操作方式,对于玩家而言操作成本极低,并使期待小于反馈。

知识准备

一　版本更新的目的和类型

(一) 版本更新的目的

1. 让游戏更加完善

尽管游戏产品在内测之前已经经历了封测阶段,但在内测过程中难免会出现这样、那样的问题,或者用户对游戏有更多的需求和建议,针对游戏使用过程中暴露的问题和用户的反馈,内测阶段进行游戏版本更新可以让游戏产品更加完善,从而满足甚至超过用户的期待,从而获得更好的口碑和更多的用户。

2. 让用户保持新鲜感

游戏市场的产品竞争越来越激烈,如何保持用户对游戏产品的新鲜感从而延长其生命周期,获得更多的投资回报是游戏运营团队始终要考虑的问题。版本更新就是让用户保持新鲜感的重要途径,如同其他产品不断推出新款、当季款、限量款等,游戏产品层出不穷的新版本就是通过功能、角色、道具、玩法等的更新激起用户更多的兴趣,从而保持其黏性。

(二) 版本更新的类型

游戏上线后,遇见 Bug 或者需要更新的内容(包括资源、玩法、数值调整、游戏脚本等)的时候,就会进行版本更新。从更新的程度和方式来看,游戏版本更新可以分为大版本更新和热更新。

1. 大版本更新

大版本更新,顾名思义就是更新的内容比较多、程度比较高的游戏版本更新。通常运维人员需要发送新的游戏包到平台,用户则需要重新下载游戏包。

2. 热更新

热更新是在游戏内完成的版本更新,即游戏启动时玩家去下载需要更新的内容即可。与大版本更新相比,热更新也可以称为小更新,其更新的内容和程度相对较少、较低。而不能通过小版本更新解决的问题,才会用到大版本更新。

工作人员可以通过版本文件和更新文件以及版本号来实现大版本更新和热更新。游戏的版本号由大版本号+资源版本号构成,每一次大版本更新,大版本号增加,资源版本号重置;每一次热更新,大版本号不变,资源版本号增加。

这里要特别提到一个概念,即 MD5 值。MD5 值是一种被广泛使用的密码散列函数,可以产生出一个 128 位(16 字节)的散列值(Hash Value),用于确保信息传输完整一致。游戏版本文件(MD5 File)记录每一个资源的 MD5 值。

例如:

a. txt,1630d23f45464df6071a9948dd1592bf

b. texture,f9c985a8f2a86292a024c4ed21ed33fb

更新文件(Update File)记录每一个更新文件的资源版本号,资源版本号对应着服务器上的版本库,用户去对应版本库里下载资源。

a. txt,0.1

c. txt,0.2

二　版本更新的流程

(一) 大版本更新的流程

① 清除之前的版本文件和更新文件。

② 打包所有的资源。

③ 计算每个资源的 MD5 值,创建新的版本文件,将所有资源的资源名称和对应的 MD5

值保存在版本文件中。

(二) 热更新流程

① 打包所有资源。

② 计算每个资源的 MD5 值,并和版本文件中记录的 MD5 值做比较,将 MD5 值发生变化的资源和被删除的资源记录下来。

③ 分类处理。

(a) 大版本更新后的第一次热更新,之前不存在更新文件,则创建一个更新文件,将所有 MD5 值发生变化的资源的名称和其版本号记录在更新文件中,格式为【文件名,当前资源版本号】。

(b) 上一次热更新之后继续热更新,之前已经存在更新文件,则首先读取上一次的更新文件,然后遍历本次 MD5 值发生变化的资源,如果资源名称在更新文件中存在,则将更新文件中该资源版本号设置为当前版本;如果资源名称在更新文件中不存在,则在更新文件中添加新的记录,存放其资源名称和当前资源版本号;如果更新文件中存在被删除的资源名称,将该资源的记录从更新文件中移除。

④ 上传需要更新的资源和更新文件(Update File)到服务器。

⑤ 删除原来的版本文件,将所有资源的 MD5 值保存在新的版本文件中。

玩家进入游戏后,首先判断是否需要更新版本,如果是大版本更新,则提示需要重新下载安装包;如果是小版本更新,则先下载更新文件(Update File),然后根据更新文件中的资源名和版本号去对应的地址下载资源。

三 版本更新的注意事项

(一) 评估风险,做好预案

版本更新是存在一定风险的,例如新的功能、新的玩法用户认可度低,或者新版本损害了一些老玩家的利益等。运维团队在更新之前应该进行风险评估并做好预案,将版本更新带来的损失降到最低。评估的方法可以通过内部人员、玩家试玩来发现版本更新的风险所在,从而做出有针对性的风险防控预案。

(二) 针对审核要求,把控更新细节

版本更新在渠道和平台那里需要重新审核,因此运营团队在版本更新之前需要针对渠道和平台的审核要求,把控游戏产品版本更新的细节。例如新版本提交渠道和平台之前,要逐项完成其自测文档;渠道和平台的审核周期约为 3 天,考虑到有可能被打回的风险,运营团队应该至少提前 5 天提交版本更新文件;运营团队要关注渠道和平台的审核进度,协调好上架时间,等等。

(三) 多方统筹,同步更新

版本更新涉及客户端和服务器端,也涉及多个渠道,因此在版本更新的过程中,运营团

队要统筹各个渠道,保证客户端与服务器端实现同步更新,保持客户端与服务器端版本的一致性。这需要注意以下几点。

第一,预留充足的停服更新时间。版本更新尤其是大版本更新,通常需要停服更新,服务器停止期间肯定会给玩家带来不好的游戏体验,因此停服时间不宜过长,但考虑到多家渠道的客户端要同步更新,因此运营团队要根据实际情况预留充足的停服更新时间。

第二,与渠道充分沟通,保证全渠道同步更新。有些渠道的客户端更新需要人工操作,可能需要较多时间或者相对滞后,因此停服前半小时就要联系各个渠道,通知更新时间,让渠道提前做好更新准备。更新过程中如果有些渠道较慢,运营人员也要及时关注和督促,帮助其解决问题。

(四) 利用多方资源,构建更新机制

针对很多渠道的 SDK 没有更新机制的现状,游戏运营方可以利用第三方资源或者采用自己研发的方式,构建游戏版本更新机制,从而让版本更新效率更高、效果更好,从而让用户获得更好的游戏体验。

任务实施

1. 选择自己最熟悉的一款游戏的最新版本,谈谈其版本更新的内容。
2. 谈谈大版本更新与热更新的异同。

项目六
游戏产品运营的公测

项目概要

　　游戏产品的公测阶段是第三个阶段,严格来说其与内测阶段的工作内容没有本质区别,之所以会有公测的说法,实际上是对该游戏产品的市场前景的肯定。也就是说该游戏产品在内测运营阶段的各项表现和指标良好,并获得了各方的认可,从而可以投入更多的资源进行运营。游戏公测前往往有版本更替,在活动模板、功能、UI(用户界面)上会有较大的调整,同时伴随着新一轮的产品外宣与市场投放,渠道排名靠前、曝光度高的游戏产品能获得较好的下载量与营收。本项目在介绍游戏公测的基本概念、目的及工作内容的基础上,重点阐述了公测阶段的用户流失管理和危机管理,使读者对公测的工作内容和突出问题有较为明确的认识和把握。

知识目标

1. 了解公测的概念、目的和工作流程、用户体验的四个阶段。
2. 熟悉公测阶段的重点任务以及用户流失的类型、危机公关的定义。
3. 掌握用户流失的原因以及危机公关的原则。

能力目标

1. 学会收集相关数据,能够分析用户流失的原因。
2. 学会危机公关的方法,能够应对突发事件和状况。

◎ 任务一　认识公测

任务导入

可口可乐与《街头篮球》的跨界合作

　　2006 年碳酸饮料巨头可口可乐与天联世纪宣布,双方正式建立市场合作关系。可口可乐携手天联世纪旗下的当红在线篮球游戏《街头篮球》,用全方位的互动营销方式,给消费者带来了独特的篮球感受和全新体验。

　　天联世纪运营的在线篮球游戏《街头篮球》自 2005 年 10 月 15 日在中国内测后就迅速风靡全国,创造了同时在线人数达 2 530 万的纪录,是体育类网游中少见的大手笔作品。可口可乐此次与天联世纪合作,力求在带给消费者线下篮球乐趣的同时,带给大家更多线上篮球的独特感受。可口可乐开展了覆盖全国的"金盖"促销活动,让热爱篮球运动的消费者有更多机会体验《街头篮球》的游戏魅力,同时,可口可乐 icoke.cn 网站也为消费者提供了丰富多彩的精彩互动,尽情感受《街头篮球》的"年轻"和"自由"。可口可乐公司还将连同 NBA 一起支持"街头篮球联赛",全方位拓展体育营销新格局,为消费者带来更加独特的线上、线下篮球体验。

可口可乐(中国)饮料有限公司整合市场总监罗瑞德先生对此次与天联世纪的合作表示了充分的信心:"可口可乐一直致力于利用各种激情触点以加强同年轻消费者的沟通。篮球就是一个非常重要和独特的激情触点。而《街头篮球》这一广受欢迎的体育游戏,与可口可乐的品牌理念和营销策略非常契合,是高效而直接的传播载体。我们相信,可口可乐与天联世纪的市场合作,将为体育营销在线上和线下的整合推广创造一个经典范例。"

知识准备

一　什么是公测

严格来说,游戏产品的公测阶段与内测阶段的工作内容没有本质区别,之所以会有公测的说法,实际上是对该游戏产品的市场前景的肯定。换句话说,就是该游戏产品在内测运营阶段的各项表现和指标都获得了各方的认可,从而可以投入更多的资源进行运营。游戏公测前往往有版本更替,在活动模板、功能、UI(用户界面)上会有较大的调整,同时伴随着新一轮的产品外宣与市场投放,渠道排名靠前、曝光度高的游戏产品能获得较好的下载量与营收。

需要注意的是,公测开始后的 1 至 3 个月内,产品线上、线下活动非常关键,用户维护工作也非常冗杂,开服速度不断提升,版本更替更加频繁,因此这段时间是运营的黄金期。

二　公测的目的

公测的目的也非常明确，即吸引更多的用户，获得更多的利润。游戏公测更像是一次事件营销，所谓事件营销（Event Marketing），即企业通过策划、组织和利用具有名人效应、新闻价值以及社会影响的人物或事件，吸引媒体、社会团体和消费者的兴趣与关注，以求提高企业或产品的知名度、美誉度，树立良好品牌形象，并最终促成产品或服务销售目的的手段和方式。

游戏公测即是利用"公测"这样一个事件，配合版本更新、各种活动等，制造一个契机或者话题让游戏产品再一次吸引用户关注和参与，从而实现既定的运营与营销目标。

三　公测阶段的工作内容

公测阶段与内测阶段的工作内容没有本质区别，以下几点是工作重点。

（一）产品活动

在公测阶段，游戏产品会有很多在线活动。一般来说，开展活动的目的是吸引客户上线，减少客户流失率，所以，如图 6-1 所示，一般游戏产品公测开服后为留住玩家并吸引玩家每日定时上线，会有一系列的客户回馈活动，比如前七天每天上线领取登录奖励等。

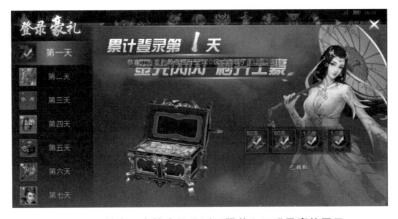

图 6-1　某电子竞技产品公测开服前七天登录豪礼展示

但游戏行业作为完全竞争市场，其运营成本与服务器运营时间成正比，如果服务器运营的单位时间内没有任何收入进账，那这一单位的运营就是完全亏损的。所以，游戏产品内做活动不是目的，提升产品人气也不是目的，提升单位时间的收入才是真正的目的。

当运营团队把"提升人气"用作"提升收入"的手段之一的时候，才能更理性地分配资源。资源是有限的，所以把有限的资源放在更能产生价值的地方是很重要的。

如图 6-2 所示，有些游戏产品在公测开服后的前 7 天会推出产品中某一个内容的排名活动，排名高者可以获得其他排名低的人无法获得的奖励。这是目前很多产品都会运用到的一种活动手段。而要获得高排名则需要进行消费,才能获得活动的一些资源和帮助,所以,这类活动开展的最终目的就是利用竞争性来吸引用户进行消费。一般来说,电子竞技产品的收入来源公式为玩家数 * 付费率 * 人均消费,而公测开始后的前 7 天,产品在线人数与人均消费可能是最高的。所以,一般运营团队都会花大量精力研究开服后前 7 天的活动。

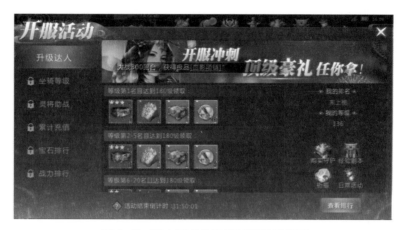

图 6 - 2　某电子竞技产品开服活动界面

(二) 数据分析

一般来说在公测阶段,电子竞技产品的核心数据主要包含以下两大类,需要运营团队相关岗位人员实时监控、按天分析。

1. 用户数量与性质

（1）注册用户数

定义:用户利用游戏客户端或其他形式通过网络连接游戏服务器端而在游戏数据库服务器产生存储用户账号信息的记录数。

特点:数据库只存储用户账号,而且该用户账号具有唯一性,跟角色数不一样。

数据统计内容:日新增注册用户数、月新增注册用户数、累计总注册用户数。

作用:注册用户数是游戏运营工作中重要的统计数据,是衡量游戏渠道、市场部门工作开展情况的重要指标,同时也是开展运营和收费的重要的铺垫。

影响因素:渠道/市场营销推广的有效性以及产品设计的合理性。

（2）登录用户数

定义:已经注册的用户通过游戏客户端登录到游戏服务器的独立记录数。

特点:只记录已经注册的用户账号数量,判定某个时期内已注册用户的用户活跃程度。

数据统计内容:日登录用户数、月登录用户数、累计总登录用户数。

影响因素:游戏产品本身特性、游戏运营周期的不同阶段和策略、活动运营策划。

（3）登录用户次数

定义:登录用户在某个时期内登录到游戏服务器的累计次数,作为记录数。

特点:记录登录用户在某个时期的登录次数,判定产品对用户的吸引力。

数据统计内容:日登录用户次数、月登录用户次数、累计登录用户次数。

影响因素:游戏产品本身特性、游戏运营周期的不同阶段和策略、活动运营策划。

2. 收入

(1) 付费用户数

定义:已经注册的游戏用户中充值/付费的用户数。

特点:通过各种支付渠道以及支付手段,成功向游戏进行付费的用户数。

数据统计内容:日独立付费用户数、月新增付费用户数、累计付费用户数。

作用:衡量游戏运营商业价值的重要数据指标。

影响因素:游戏产品设计、注册用户数、活动营销等。

(2) 付费次数

定义:付费用户在某个时间使用各种支付手段进行付费的次数。

特点:付费行为在某个账户上发生的次数。

数据统计内容:日付费次数、月付费次数、累计付费次数。

作用:衡量付费玩家的购买行为。

(3) 付费用户 ARPU(每用户平均收入)

定义:销售金额/付费用户数。

特点:衡量付费用户在某个时期的购买力。

数据统计内容:日付费用户 ARPU、月付费用户 ARPU、累计付费用户 ARPU。

作用:衡量付费用户的购买力。

影响因素:游戏产品设计、付费用户消费心理、游戏运营手段。

(4) 登录用户付费转化率

定义:付费用户数/登录用户数。

统计内容:日付费用户数/日登录用户数、月付费用户数/月登录用户数、累计付费用户数/累计登录用户数。

(5) 新增注册用户付费转化率

定义:付费用户数/新增注册用户数。

统计内容:日付费用户数/新增注册用户数、月付费用户数/月新增注册用户数、累计付费用户数/累计登录用户数。

(6) 总体注册用户付费转化率

定义:总体付费用户数/总体注册用户数。

如表 6 - 1,根据以上所列明的核心数据内容,数据收集完成后生成统计表以便运营部门进行后期分析。

表6-1 某电子竞技产品公测阶段数据分析表(9天)

日期	当日注册量	累计注册量	平均在线人数	付费用户数	最高在线人数	总销售额(单位:元)	平均在线ARPU(元/人)	付费用户ARPU(元/人)
20XX.XX.01	649	41 171	784	399	756	4 390	5.59	11
20XX.XX.02	1 096	42 267	974	568	1 409	5 526	5.67	9.73
20XX.XX.03	822	43 089	974	515	1 365	4 558	4.68	8.85
20XX.XX.04	700	43 789	943	522	1 410	4 734	5.02	9.07
20XX.XX.05	601	44 390	931	540	1 318	4 968	5.34	9.2
20XX.XX.06	439	44 991	805	450	851	4 269	5.3	9.49
20XX.XX.07	451	45 442	783	552	1 094	4 702	6	8.52
20XX.XX.08	509	45 893	788	499	1 144	3 910	4.96	7.84
20XX.XX.09	495	46 388	805	521	1 152	4 580	5.69	8.79

(三) 商务合作

产品商务合作的具体工作包括联合产品运营商、推广商通过挖掘、合作跟进等模式,跨界与其他行业(影视、娱乐、音乐、快速消费品等)合作。如久游网与舞林大会、刘德华演唱会的合作,《完美时空》与雀巢的合作,《完美时空》与郭德纲、水木年华的合作,麒麟、完美与影业、音乐公司的合作,可口可乐与《魔兽世界》《永恒之塔》的合作,可口可乐与《街头篮球》的合作等都是产品跨界合作成功的典型案例。

(四) 客户服务

客户(玩家)服务是游戏产品与企业面对客户的第一条防线,其主要工作就是提升客户对于产品和服务的满意度及安全感。一般大型游戏公司都会提供7天 * 24小时的无休客户服务,让客户在任何时间上线出现问题时都能第一时间得到及时的反馈与解决。

目前,客服渠道包括:在线客服、电话、邮件、即时通讯软件(QQ、微信)、线下客服等(玩家接待)。很多公司都引入了 VIP 用户系统及爱问系统为一些充值和消费较多的用户提供更贴心的服务,以维护这类人群的忠诚度。

(五) 技术运维

技术支持的主要工作内容包含游戏产品运营中的日常维护、日常数据和服务器异常的处理等技术性工作,是保障产品正常运营不可或缺的力量。同时,根据产品活动运营岗位提出的线上活动的推出的需求和版本更替的需求提出专业意见和数据支持。此外,保障游戏的正常运营,还包括对游戏服务器、计费系统、网站、美工等的支持工作,确保游戏运营过程中不会出现如卡机、外挂、掉线、充值渠道不畅通与账号不安全等重大问题。

任务实施

1. 如果你即将进入游戏公司工作,那么你会选择哪个岗位呢? 请谈谈对该岗位的认识。

2. 选择一款熟悉的游戏,谈谈其为配合公测开服策划了哪些活动。

◎ 任务二 游戏公测阶段的用户流失管理

任务导入

极光:手机游戏流失用户研究报告

数据调研机构极光发布的《手机游戏流失用户研究报告》,以《王者荣耀》和《和平精英》为例,从流失用户构成、流失原因、流失用户去向、流失用户唤回可能性等角度洞察手游流失用户的方方面面。

一 《王者荣耀》流失用户研究

①《王者荣耀》渗透率和 DAU(日活跃用户数量)变化趋势——2018 年下滑较大,2019 年趋于平稳;

②《王者荣耀》流失用户构成——老用户流失最为严重;

③ 流失原因——老用户流失的主要原因是玩腻了和太忙;

④ 流失用户去向——用户主要流向非手游类娱乐方式;竞品手游并非主因,三成《王者荣耀》流失用户转向短视频;

⑤ 流失用户唤回可能性——1 年以上老用户唤回可能性最大;

⑥ 如何唤回流失用户——对老用户来说,新的玩法最能吸引他们回流。

二 《和平精英》流失用户研究

①《和平精英》渗透率和 DAU(日活跃用户数量)变化趋势——版本换代导致用户流失。

• 《绝地求生:刺激战争》于 2018 年 2 月上线,渗透率于 2019 年初达到顶峰。

• 2019 年 5 月 8 日《和平精英》代替《绝地求生》上线,因游戏设定变动较大,用户流失明显,上线当月渗透率下滑 2.1 个百分点,随后逐步趋于平稳。

②《和平精英》流失用户构成——流失用户最主要是使用 1 个月—1 年的用户。

③ 流失原因——升级换代后的游戏设定是促使用户流失的主要原因之一。

④ 流失用户去向——近半数流失用户把更多的时间放在短视频、直播、电影剧集等其他休闲娱乐项目上;与《王者荣耀》类似,《和平精英》三成流失用户转向短视频。

⑤ 流失用户唤回可能性——《和平精英》用户相对容易唤回。

⑥ 如何唤回流失用户——对于流失量最大的使用 1 个月—1 年的用户,唤回的最有效方式是通过社交链来促使他们重新回流。

(资料来源:根据《手机游戏流失用户研究报告》整理)

知识准备

一　用户体验四个阶段

在游戏运营过程中,获得更多的用户才有可能带来更好的收益,因此用户流失是运营团队最不想看到的现象,用户流失管理也是运营工作的重点内容。用户从进入游戏开始到离开游戏大致可以分为四个阶段:适应期、成长期、追求期、疲惫期。

1. 适应期

适应期处于进入游戏的初期,指从进入游戏到第一次登出这段时间。这个时期玩家需要做的就是适应游戏,对游戏的内容、操作、人物,以及画面、美术风格等产生兴趣,慢慢接受。在这个时期游戏需要得到玩家的认可,当玩家觉得这游戏能玩,决定第二次登录时,基本上就算是成功地渡过了适应期。

2. 成长期

成长期根据玩家不同而长短不同,在这个时期玩家开始接受并了解游戏各个环节的内容设计,体验游戏乐趣,追逐更快的成长,同时逐步了解游戏的核心系统。游戏不同,等级段也可能不同,可能是在前期、中期,甚至满级之前。

3. 追求期

追求期,当玩家进入一个比较稳定的时期后,将会追求更多内容,例如装备、技术,探索更多的场景区域,挑战游戏极限,组建玩家群体等。在这个时期就容易出现玩家之间的交互攀比。这部分玩家群体是游戏的主力,也是游戏特色设计、核心设计的最大受用者。

4. 疲惫期

疲惫期,玩家丧失了对游戏核心玩法和新内容的体验欲望,或者不再追逐更好的游戏收益,每天上线的时间逐渐减少,仅仅是聊聊天,做做小任务,发发呆。疲惫期的玩家极易流失,也容易受到市场和环境的影响转投别的游戏,但仍有挽回的余地。

二　用户流失的类型

(一) 刚性流失

所谓刚性流失,指很难避免,或者说需要较大设计改动才能够进行调整的因素造成的流失。不同玩家刚性流失的因素不同,这与游戏的最初定位有关,因此解决刚性流失的难度也比较大。

刚性流失集中出现在游戏初期,玩家处于适应期时出现的不适,所以刚性流失主要集中在游戏的最开始阶段,进入游戏的人中可能有一半以上甚至更多的人,由于刚性流失彻底地离开了游戏。通过数据能够看出这款游戏对适应期玩家的适应能力要求是高还是低,只有平稳地度过适应期玩家才能进入到游戏内容中。

(二) 受挫流失

所谓受挫流失是指玩家因受挫而产生的流失,这种流失的因素纷繁复杂,但又是最容易发现和弥补的流失类型。当玩家在游戏中遇到了超过自身承受和理解能力的内容,并对此产生了不适感,就会形成受挫感,当受挫感累积到一定程度玩家就会选择离开。

受挫流失是进入适应期后玩家流失的主要因素,又可以分为过程受挫和结果受挫。

1. 过程受挫

过程受挫是指玩家在游戏中遇到理解难度较大、说明不够清晰、指引不够准确的游戏内容,无法正常理解,产生了玩不明白的挫折感。或者是对有一定参与过程的系统,投入了一定的参与成本后却发现在参与的过程中内容本身不能给玩家带来期待的趣味性和新鲜感,极易厌倦和反感。这也是在理解过程中或者操作过程中受挫的一种类型。过程受挫更多地集中在适应期和成长期,因为处于这两个时期的玩家接受新事物的机会更多,因此受挫的机会也会更多。

2. 结果受挫

玩家对付出与收益是有一个心理预期的,但玩家投入时间、金钱、理解、操作等成本后得到的收益低于坑家能够接受的限度,就会产生结果受挫。结果受挫贯穿于游戏进程的始终,玩家每熟悉游戏的一个系统设定,在游戏中就会有所斩获,有所追求,就会出现对结果的不满,产生结果受挫。

受挫流失一般来源于不合理的设计,当这种设计产生的受挫面积过大则会在某个时间点造成大规模的玩家流失,这时需要分析观察流失率曲线,仔细寻找受挫的原因,并剔除产生受挫的因素。

(三) 自然流失

自然流失是指玩家发现游戏本身没什么可玩的,或者各个系统都无法提起自己的兴趣,渐渐地从追求期和成长期进入了疲惫期,从而离开游戏的现象。

自然流失多出现在玩家的疲惫期,自然流失的流失率不容易被察觉,其中一个参考指标就是中高级玩家的流失率。此外在一段较长的时间内,流失率居高不下,始终难以进入相对较低的状态,此时的用户流失也称为自然流失。这种流失多发生在玩家的疲惫期。

(四) 竞争流失

竞争流失是指因为市场环境的变化尤其是竞争对手的因素导致的用户流失现象,例如热门游戏的开服、同类游戏产品的竞争等等。这种用户流失可能出现在各个阶段。

三　做好用户流失率统计及原因分析

用户是游戏产品流量与收入的来源，没有用户上线，产品的可持续发展就会承受巨大压力。所以做好流失率统计并分析其流失原因格外重要。

一般来说，用户流失率统计会包含时间区间统计（见图 6－3）和产品指定内容区间统计（如等级区间、职业区间等，见图 6－4）两种。其中，时间区间统计因为统计时间短，所以可以及时挖掘与发现流失的原因。而指定内容区间统计更精确，可以精确定位流失的原因，如图 6－5 中，《雷霆》产品在 11 级时会有大量用户流失，通过分析得出是新手衔接的问题。发现问题后可以直接根据内容进行修正，为后期版本做好铺垫。

总结描述：从数据分析图我们可以看出，开服 5 天内我们流失率最大的几个时间点，加起来占总流失率的 49.53%，

这其中，6 月 30 日的流失率最高，占总流失率的17%，其次为 7月2日的流失率，用户流失率占总流失人数的 11%（这两个流失率高的时段都是在开服后的第二天）。这说明我们游戏 48 小时内流失率是最高的， 结合文档对单体数据项详细分析，得出我们游戏目前影响用户流失的十个主要原因；

1. 成长速度阶段性衔接不平衡；
2. 新手阶段过图衔接不合理；
3. 游戏玩点少，内容不足；
4. 任务混乱没有主心骨，无法起到引导玩家成长的作用；
5. 特定等级段成长线不明确，造成用户迷茫；
6. 游戏中后期生存难，正常获得游戏币途径较少；
7. 游戏漏洞及设计缺陷过多，导致用户两级分化加大；
8. 游戏技术问题，导致现阶段无法解决，严重影响到用户体验的事件；（如："副本无法进入""服务器卡""角色回档""角色卡号"等）
9. 外挂问题，没有一套"反外挂"机制，导致外挂横行，严重破坏游戏平衡；
10. 客户端封包被破解，导致部分文件被修改后植入外挂，严重影响游戏平衡；

图 6－3　《雷霆》公测开服后 5 天内用户流失统计及分析

数据展示：

数据说明：

- 10-30 级新手阶段，等级段流失最高的点在 11 级，流失率达到了 96.06%
- 10-30 级新手阶段，等级段流失第二高的点在 17 级，流失率达到了 94.43%
- 10-30 级新手阶段，等级段流失第三高的点在 25 级，流失率达到了 93.89%

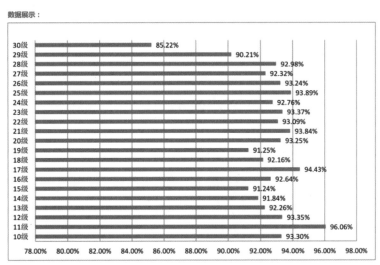

图 6－4　《雷霆》等级(10—30)用户流失率分布图

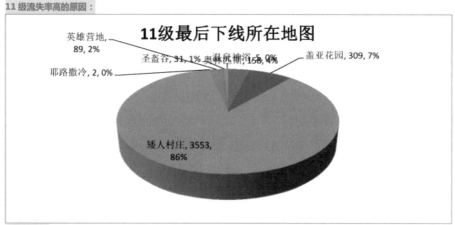

数据说明： 该等级段有 4147 个角色流失，流失率 96.06%，有 86% 的玩家是在矮人村庄地图下线后再无登陆。

数据分析：

● 这个等级是玩家刚出新手村，进入矮人村庄地图，在这个等级段流失率高，很大原因是游戏的新手衔接问题，玩家从新手村出来后，进入下张地图完成任务，算上传图加跑路，玩家有 1 分钟左右的闲置时间。

● 用户体验感较差，第二张地图所展现给玩家看的内容与新手村内容大相径庭，并且没有任何新颖或特殊之处，因而或多或少会让玩家萌生去意。

● 从该等级最后下线所在地图分布情况来看，有 86% 的玩家是在矮人村庄地图下线后再无登陆。

图 6-5 《雷霆》11 级高流失率分析

任务实施

1. 阅读《手机游戏流失用户研究报告》原文，谈谈《王者荣耀》和《和平精英》用户流失的原因是否相同，应该怎样召回用户。

2. 选择自己曾经玩过后来放弃的三款游戏，谈谈自己放弃该游戏的原因，并归纳总结自己属于哪种用户流失的类型。

◎ 任务三 游戏公测阶段的危机公关

任务导入

《王者荣耀》被央媒点名批评

2021 年 8 月 3 日，新华社旗下重量级刊物——《经济参考报》发文痛批网络游戏，并点名《王者荣耀》。受此消息影响，游戏股大面积下跌。

在此背景下，腾讯紧急推出游戏未成年人保护和"双减双打"新措施。根据措施，腾讯将从《王者荣耀》试点，逐步面向全线游戏推出"双减、双打、三提倡"的七条新举措。具体涉及将执行比政策要求更严厉的未成年用户在线时长限制，非节假日从 1.5 小时降低至 1 小时，节假日从 3 小时减到 2 小时；未满 12 周岁未成年人禁止在游戏内消费等。

同时,网易游戏也迅速开展了暑期网络环境整治行动:防护系统迭代升级。

对此,贵州大学高端智库研究员段忠贤在接受《科创板日报》记者采访时表示,线游戏行业不能仅仅注重经济效益,要切实承担青少年网瘾防治教育的社会责任,要勇于扛起更多营造良好网络文化环境的社会担当,要有防止未成年人群体过度沉迷的有效办法和管用技术。

而在采访中,不少产内人士认为,网络游戏是网络和智能手机发展的产物,它与电子竞技并不一样,从某种程度上说,网络游戏甚至是一个新经济行业。电子竞技并不是很多人以为的"动动手指"的游戏,它背后是一整套的综合训练体系。对于普通人来说,经常习练可以锻炼人的手脑协调能力、空间解读能力以及团队协作配合能力,电子竞技就像跑步、足球一样,是非常健康的体育运动。但任何事物不能过量,否则就会过犹不及。

但在央媒批评的文章中,可以清晰地看到一些问题:如我国 62.5% 的未成年网民经常在网上玩游戏;13.2% 未成年手机游戏用户,在工作日玩手机游戏日均超过 2 小时。网络游戏的过度投入对我国未成年人生理和心理造成双重负面影响。

目前,游戏产业已发展成千亿市场,这是中国第三产业的进步。业内人士认为,央媒态度的转变也让产业人士更加关注于如何让网络游戏产业在正确的道路上发展,这可能也是腾讯等巨头们接下来需要考虑的事。

知识准备

一　什么是危机公关

危机公关具体是指机构或企业为避免或者减轻危机所带来的严重损害和威胁,从而有组织、有计划地学习、制定和实施一系列管理措施和应对策略,包括危机的规避、控制、解决以及危机解决后的复兴等不断学习和适应的动态过程。[①]

二　危机公关的 5S 原则[②]

危机公关 5S 原则是指危机发生后为解决危机所采用的 5 大原则,包括承担责任原则(shouldering the matter)、真诚沟通原则(sincerity)、速度第一原则(speed)、系统运行原则(system)、权威证实原则(standard)。

---

① 游昌乔.反败为胜——如何建立有效的危机管理体系[M].北京:中国水利水电出版社,2007:31.
② 危机公关 5S 原则与公关传播 5B 原则,均由北京关键点公关游昌乔总裁于 2005 年 11 月 01 日创作完成,并于 2006 年 10 月 01 日在中国北京首次发表的,并获知识产权保护。

（一）承担责任

危机发生之后，企业的态度很重要，一是利益方面，二是情感方面。无论谁是谁非，企业都应该主动承担责任。

（二）真诚沟通

企业处于危机漩涡中时，是公众和媒介的焦点，一举一动都将接受质疑，因此千万不要有侥幸心理，企图蒙混过关。而应该主动与新闻媒介联系，尽快与公众沟通，说明事实真相，促使双方互相理解，消除疑虑与不安。

（三）速度第一

在危机出现的最初12—24小时内，消息会像病毒一样，以裂变方式高速传播。而这时，可靠的消息往往不多，社会上充斥着谣言和猜测。企业的一举一动将是外界评判企业如何处理这次危机的主要根据。媒体、公众及政府都密切注视公司发出的第一份声明。对于企业在处理危机方面的做法和立场，舆论赞成与否往往都会立刻见于传媒报道。因此企业必须当机立断，快速反应，果决行动，与媒体和公众进行沟通，从而迅速控制事态，否则会扩大突发危机的范围，甚至可能失去对全局的控制。危机发生后，能否首先控制住事态，使其不扩大、不升级、不蔓延，是处理危机的关键。

（四）系统运行

① 以冷对热，以静制动。

② 统一观点，稳住阵脚。

③ 组建班子，专项负责。

④ 果断决策，迅速实施。

⑤ 合纵连横，借助外力。

⑥ 循序渐进，标本兼治。

（五）权威证实

自己称赞自己是没用的，没有权威的认可只会徒留笑柄。在危机发生后，企业不要自己整天拿着高音喇叭叫冤，而要曲线救国，请重量级的第三者在前台说话，使消费者解除对自己的警戒心理，重获信任。

三　完善产品整体危机应对预案

公测与封测和内测最大的不同就是有大量用户进入产品体验，产品服务器、客户端与其相关网站都会承受一定的压力。所以，在公测期间，产品运营部门必须有一套完善的产品危机应对预案（如表6-2），并且就各项内容可能发生的危机作出判断，并提出危机的有效解决方案。

表 6-2　《雷霆》运营危机整体预案

项目分类	可能发生的危机	危机解决方案
游戏相关	用户平均升级速度与预计相差过快或者过慢	找出原因,视严重程度,做出调整方案
	游戏软件或者硬件兼容性不佳,频繁崩溃	找出原因,通过补丁解决
	意外造成的回档	通过封测用户沟通平台与用户沟通,并给予一定的游戏内补偿
	遇到服务器崩溃情况(人数压力造成的)	1. 调整服务器配置 2. 提前配备好备用服务器,开启新服 3. 用比较有人情味的沟通方式向用户解释,同时给予用户一定的游戏内补偿进行安抚
	在线情况不佳	1. 启用市场玩家导入应急方案 2. 通过运营手段临时加入线上运营活动
网站相关	开服前激活率不佳	1. 查询客户端下载量及安装量,市场部提前启动玩家导入应急方案 2. 通过活动刺激激活
	各种情况造成的如网站崩溃、激活系统崩溃等问题	及时的解决问题,并以有人情味的沟通方式安抚用户,表现官方诚意
客户端相关	各种原因造成的客户端无法按照预定时间完成	内测延时,通过官网安抚用户,并答应给予用户额外的内测补偿
	提供了错误的客户端供用户下载	根据客户端错误情况,考虑是否可以依靠补丁来解决问题,如果不可以,则马上提供正确的客户端下载,并通过内测沟通平台来安抚用户
平台相关	数据统计后台出现问题,如数据无法提取、数据缺失、数据异常	待统筹会议确认
客服相关	任何大规模影响玩家正常游戏的情况	了解事件发生起因,第一时间做好安抚玩家的工作以及通知相关负责人给出官方回复口径

同时,针对高强度与高压力的运维环节,应急预案制订须划分等级(如表 6-3)来表示危机的危害程度,同时根据等级来制定相应的处理预案与安排对应人员。同时,需安排 24 小时值班人员以及时处理危机事件。

表 6-3　《雷霆》运维危机应急方案

事件类型	描述	等级
网络事件	机房全网波动或者与外接网络通信彻底中断,持续时间超过 60 分钟	一级
	机房全网波动,持续时间超过 40 分钟,但未超过 60 分钟	二级

(续表)

事件类型	描述	等级
	1. 机房全网波动,持续时间超过 20 分钟,但未超过 40 分钟	三级
	2. 其他网络事件	
服务器和安全事件	任何服务器遭受攻击、入侵,或感染木马、病毒,或者服务器硬件损坏,导致停止服务、数据泄漏、数据被篡改	一级
	数据库服务器遭受攻击、入侵,或感染木马、病毒,或者服务器硬件损坏,但没有造成影响	二级
	1. 其他服务器遭受攻击、入侵,或感染木马、病毒,或者服务器硬件损坏,但没有造成影响	三级
	2. 其他安全事件	
应用事件	服务端程序崩溃,停止服务,造成无法正常游戏,持续时间超过 60 分钟	一级
	服务端程序崩溃,停止服务,造成无法正常游戏,持续时间超过 40 分钟,但未超过 60 分钟	二级
	1. 服务端程序崩溃,停止服务,造成无法正常游戏,持续时间超过 20 分钟,但未超过 40 分钟	三级
	2. 游戏更新错误或因为游戏更新引发的其他问题	
	3. 其他应用事件	
同期在线人数影响	游戏在线人数下降超过 30%	一级
	游戏在线人数下降超过 20%,但未超过 30%	二级
	游戏在线人数下降超过 10%,但未超过 20%	三级

表 6-4 《雷霆》危机事件处理方案

一级事件	1. 一旦确定立即通知高层领导、产品经理、研发经理、运维经理以及其他涉及影响的部门负责人
	2. 依据事件的具体排查进展情况,通过电话、短信等方式上报(上报间隔时间和方式可根据领导需要灵活安排)
	3. 影响消除后,将所有事件相关信息汇总整理后通过邮件上报至之前所有上报人员
二、三级事件	1. 对于以前没有处理过的新事件和影响范围广且有多重疑点的事件,上报运维经理,根据具体情况决定是否上报其他领导和事件升级
	2. 超出预计处理完成时间 1 小时的事件,上报运维经理,根据具体情况决定是否上报其他领导和事件升级
	3. 其他事件严格按"特殊事件"项进行上报

任务实施

1. 查阅相关材料,谈谈《王者荣耀》被央媒点名批评后进行了哪些危机公关活动。

2. 针对《雷霆》的整体预案、应急方案和处理方案,谈谈游戏运营过程中危机处理机制的重要性。

项目概要

数据分析是依据对游戏产品的业务理解和数学算法,通过对海量数据进行计算并提炼出有价值信息的过程。通过数据分析,可以改善和优化游戏,挖掘和转化用户,优化产品设计。所以,数据分析在游戏产品运营过程中发挥着非常重要的作用。本项目的主要任务是通过对数据分析基本流程、核心数据、数据报表制作等内容的了解,掌握数据分析的基本概念和操作方法。

知识目标

1. 熟悉游戏产品数据分析的基本流程。
2. 掌握数据分析的思维方式和结构。

能力目标

1. 能够制作多样化的数据报表。
2. 能够区分不同数据指标的意义和用途。
3. 能够对数据进行简单的分析和趋势预判。

○ 任务一 游戏数据分析的基本流程与方法

任务导入

5W2H分析方法

5W2H分析方法又称为"七何分析法",其应用场景非常广泛,在游戏数据分析中也可以用5W2H分析法来分析游戏用户行为,其基本思路如下:

- 玩家想要什么(what);
- 为什么要(why);
- 从哪里可以得到(where);
- 我们什么时候做(when);
- 哪些玩家适用运营策略(who);
- 我们应该给多少(how much);

- 以什么形式进行(how)。

也可以用来分析游戏用户流失,其基本思路如下:

- 游戏用户流失程度(what);
- 为什么流失(why)
- 在哪些关卡流失(where);
- 什么时间段流失(when);
- 流失的是哪些用户(who);
- 流失用户带来的收益损失(how much);
- 怎样召回用户(how)。

当然,5W2H 分析法还可以用来分析其他问题。除了 5W2H 分析法外,还有对比分析、分组分析、结构分析、平均分析、漏斗分析、交叉分析、矩阵分析、综合评价分析、回归分析、聚类分析、主成分分析、因子分析等经常使用的分析方法,游戏分析师应该熟练掌握这些分析方法,掌握一到两个数据分析软件,从而让自己的分析报表和报告逻辑更加严密而成体系。

知识准备

一 游戏数据分析的流程

游戏产品数据分析流程主要分为五个阶段:方法论、数据加工、统计分析、提炼演绎和建议方案。

方法论 ❯ 数据加工 ❯ 统计分析 ❯ 提练演绎 ❯ 建议方案

图 7-1 游戏产品数据分析流程图

(一) 方法论

方法论是数据分析的指导思想,使用方法论的基本原则指导我们去解决实际的数据分析问题,包括数据采集、指标设计、数据组织等。简而言之,方法论就是将游戏产品运营业务进行抽象之后形成的一套解决游戏行业若干业务问题的思路。早期的 ARPU(Promotion Register Active Pay)模型,以及目前提及最多的 AARRR(Acquisition Activation Retention Revenue Referral)模型都是游戏行业的常见方法论。在方法论的支撑下,实际的数据分析操作将变得更为容易和高效。

(二) 数据加工

获得相关的游戏产品运营数据后,必须经过加工处理使其变成有效信息,这一阶段被称为数据加工。该阶段最主要解决两个方面的问题:一方面是对游戏产品运营数据分析需求的理解和标准的定义;另一方面则是在前期基础上确立使用什么样的技术和架构来完成数据分析平台的建设,其中包含数据采集、数据处理、数据计算、业务信息四个层级的内容。

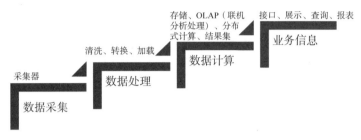

图7-2　数据加工流程图

(三) 统计分析

统计分析是数据统计和数据分析的综合,通俗来说就是将经过加工后的数据进行数据分析并转化为信息的过程。在统计分析中,掌握分析数据的方法是关键。而每一个方法都拥有一套自己的原则、范围和思想,这就要求我们对一些基础的统计方法有所了解,有解读数据的能力。

表7-1　基础的统计方法(按照数据类型)

数据类型	常用的分析方法
度量数据	描述性分析
分类数据	列联表分析、交叉表、卡方检验、秩和检验、相关分析
定量数据	假设检验、t检验、方差分析、协方差分析、相关分析
时间序列数据	描述统计、特性分析、指数平滑

(四) 提炼演绎

经过长期的游戏业务数据的分析和归纳,提炼出一些最常用的数据分析模块和数据采集体系。提炼出的这些模块和体系可以反复使用。比如游戏市场中最常用的模块有流量分析模块、留存分析模块、转化分析模块等,基于这些模块又形成了标准的数据接口,比如游戏启动和关闭接口、统计用户账户接口、跟踪用户消费点接口等,以便数据采集和分析。

(五) 建议方案

建议方案是指如何有效利用分析结果的方案。数据分析的最终目的就是为了形成建议方案,其价值就体现在如何获取用户和经营用户两个方面。建议方案最终还需要在具体的游戏运营业务中进行检验和不断修正。

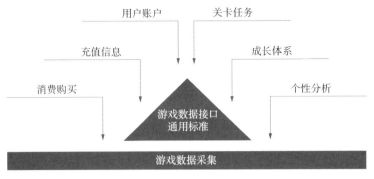

图 7-3　标准的游戏数据采集接口设计

二　游戏运营人员的数据思维

在数据分析的流程中,掌握一些基本的数据思维是非常重要的。

(一) 数据漏斗

在数据分析时,我们心中要有一个数据漏斗。漏斗从一个新用户开始使用游戏产品的那一刻起展开。一般分为五个环节:曝光、点击、下载、激活、登录。每一个环节就像漏斗一样会流失掉一部分用户。数据分析师需要知道每一个环节的具体数据,从而获得整个漏斗的形状,进而优化产品。

(二) 建立多维坐标,精细化管理

我们可以通过建立多维坐标的方式将用户进行分组,对不同的组实行不同的处理。除此以外,也可以以游戏的产品、业务、事项等作为分类的标准。下图是以用户为分类标准,在四个象限中,一定有一个最好的用户组,也一定有一个最差的用户组。

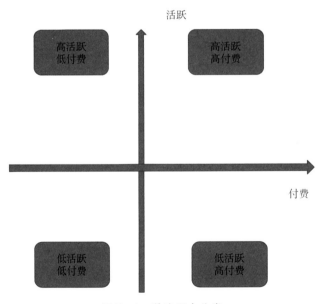

图 7-4　游戏用户分类

(三) 不要预设结论,错误归因

通常,我们为了某一目的而进行数据分析,而一旦有了预设结论就容易关注有利于自己结论的信息,而忽略掉其他信息。因此,在具体的数据分析过程中,不要轻易定论,错误归因。

(四) 培养数据敏感度

对于数据的变化,我们需要找到其背后的原因,这是一种分析习惯。通过不断地经验积累和归纳总结,慢慢提升自己的数据敏感度。

任务实施

根据所给情境判断该情境应属于数据分析流程中的哪一个步骤:

1. 某款游戏的数据分析师发现有大量活跃用户三天不进入游戏,决定启动目标用户的召回计划;

2. 经过长时间的经验积累,某游戏公司形成了一套用于追踪用户游戏启动和关闭次数、游戏使用市场等信息的模块;

3. 数据分析师想要了解各类用户使用何种设备登录游戏;

4. 数据分析师使用 AARRR 模型来构建指标体系;

5. 当数据分析师发现某用户对游戏道具需求量较大时,在游戏道具购买界面,将默认道具数量增加,无形中提升消费数量。

◎ 任务二　游戏数据分析的方法论与核心指标

任务导入

一份好的分析报告应该具备的要点[1]

一、要有一个层次分明、架构清晰的框架。层次分明能让阅读者一目了然,架构清晰便于阅读者理解,让人有读下去的欲望。

二、一定要有明确的结论,没有结论的分析报告已经失去了它本身的意义,不能称之为分析报告。

三、分析结论要准确精练,每个分析结论最好能一句话描述清楚,多个分析结论可以编号描述,一篇报告的分析结论不宜过多。

四、分析结论一定是基于紧密严谨的数据分析推导出来的,不要有猜测性结论。

五、要考虑阅读者的专业背景、职业特点,从便于阅读者理解的角度来编写分析报告,使阅读者能快速从报告中获得其所要的信息。

———————————

[1] 改编自:黎湘艳,叶洋. 游戏数据分析实战[M]. 北京:电子工业出版社,2018:7.

六、数据分析报告尽量图表化,图表比文字更直观,便于人们理解问题和结论。

七、要有逻辑性,通常要遵照"发现和提出问题—分析问题—解决问题"的流程开展分析,逻辑性强的分析报告也容易让人接受。

八、好的分析必然是以对产品和业务的深入理解为基础的,不了解分析对象的基本特性,分析结论宛如空中楼阁,必然无法叫人信服。

九、一切分析都应基于准确,可靠的数据,没有准确、可靠的数据源,由此得出的分析结论必然会对读者造成误导。

十、好的分析报告一定也有解决方案和建议方案,分析的目的不仅是发现问题,更重要的是解决问题。

十一、不要害怕或回避"不良结论",分析报告不是一个粉饰太平的工具,发现产品缺陷和问题并在造成重大损失前解决问题、避免损失才是分析的价值所在。

知识准备

一 游戏数据分析的两大方法论

数据指标是在方法论的基础上产生的,目前在游戏数据分析中最主要的两大方法论是 AARRR 模型和 PRARA 模型。

(一) AARRR 模型

AARRR 是 Acquisition、Activation、Retention、Revenue、Referral,这个五个单词的缩写,分别对应用户生命周期中的 5 个重要过程,即获取用户、提高活跃度、提升用户留存率、获取收入、病毒式传播。AARRR 模型是游戏数据分析中最重要的方法论之一。

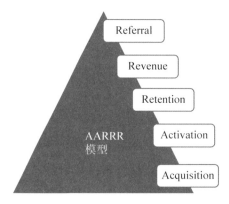

图 7 - 5　AARRR 模型示意图

(二) PRARA 模型

PRARA 是 Promotion、Register、Active、Pay、ARPU 这五个单词的缩写。分别代表着用户推广、注册用户、活跃用户、付费用户、平均用户收益这五个方面。PRARA 模型产生于端游时代,其更注重病毒式营销的作用。

图 7-6 PRARA 模型示意图

病毒式营销(Viral Marketing,又称病毒营销、病毒性营销、基因营销或核爆式营销),是利用公众的积极性和人际网络,让营销信息像病毒一样传播和扩散,营销信息被快速复制传向数以万计、数以百万计的观众,它能够像病毒一样深入人脑,快速复制,迅速传播,将信息短时间内传向更多的受众。病毒式营销是一种常见的网络营销方法,常用于网站推广、品牌推广等。

衡量病毒式营销的两大核心指标是 K 因子和病毒循环周期。K 因子用于评判病毒传播的覆盖面,其公式为:K 因子 = 感染率 X 转化率。感染率是指某个用户向其他人传播产品的程度,也即每个用户向他的朋友们发出的邀请次数。转化率是指被感染用户(接到邀请的用户)转化成新用户的比例。当 K>1 时,用户数量会病毒式增长;当 K<1 时,用户数量达到某一值后停止病毒式增长。

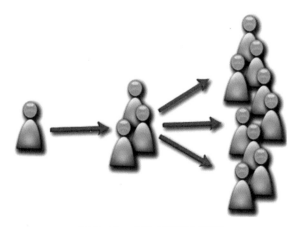

图 7-7 病毒式营销示意图

提高 K 因子主要从提高感染率和转化率两个方向入手。例如鼓励用户发送更多邀请，如在一对一的邀请之外，增设发微博、邮件群发选项，以增加感染更多用户的机会；优化被感染者看到的着陆页（爆品推荐、免费诱惑、从众压力等），尽可能简化注册步骤，以提高注册成功的转化率。

二　游戏数据分析的核心指标

游戏数据分析中最核心的指标，与 AARRR 模型有着密切的关联。这些指标具有通用性和扩展性，在实际的分析过程中，可以根据游戏运营业务的具体内容进一步设置细分指标和调整指标。

（一）用户获取

1. 日新登用户

定义：首次使用游戏产品的用户数。

用途：用以分析渠道贡献的用户份额，观察宏观走势、分析用户转化率，及时发现是否存在垃圾用户等。

2. 日一次会话用户数

定义：只有一次会话的新使用游戏产品的用户数。

用途：用以评估渠道的质量，发现用户导入中存在的难点等。

（二）用户活跃

1. 日活跃用户数

定义：每日都使用游戏产品的用户数。

用途：用以评估核心用户的规模、流失率，分析游戏产品的生命周期等。

2. 周活跃用户数

定义：一个自然周内使用过游戏产品的用户数。

用途：用以评估用户规模的周期性变化规律和趋势等。

3. 月活跃用户数

定义：一个自然月内使用过游戏产品的用户数。

用途：用以评估用户规模的稳定性以及推广效果等。

4. 日参与次数

定义：用户每天使用游戏产品的总次数。

用途：用以分析用户使用频率，了解用户对游戏的反馈等。

5. 日均使用时长

定义：每日总使用时长与每日的活跃用户数的比值。

用途：用以评估游戏产品的质量问题和用户的流失等。

（三）用户留存

1. 次日/三日/七日留存率

定义：每日新增用户在 +1/3/7 天仍继续登录的用户数占新增用户数的比例。

用途：用以评判游戏产品的质量，分析获取用户的渠道的合理性和产品规模的增长情况等。

2. 日/周/月流失率

定义：统计每日/上周/上月使用游戏产品，但之后的七天/本周/本月未使用产品的用户数占每日/上周/上月活跃用户的比例。

用途：用以分析用户在产品中后期的稳定性和收益能力的变化情况等。

（四）游戏收入

1. 付费率

定义：付费用户占活跃用户的比例。

用途：用以评估游戏产品的收益转化能力，挖掘消费点等。

2. 活跃付费用户数

定义：统计时间内成功付费的用户数。

用途：用以评估付费用户的规模和整体价值等。

3. 平均每用户收入

定义：统计时间内活跃用户对游戏产品贡献的平均收入。

用途：用以评估用户对游戏产品的收益贡献等。

4. 平均每付费用户收入

定义：统计时间内付费用户对游戏产品贡献的平均收入。

用途：用以评估付费用户的付费能力和不同付费用户之间的阶层差异等。

5. 生命周期价值

定义：用户在生命周期内为游戏产品贡献的总收入。

用途：用以评估用户贡献收益的周期等。

任务实施

1. 指标计算。

（1）日留存率计算。

假设某游戏产品在 1 月 3 日的新增用户有 100 个，这 100 个用户在 1 月 4 日中登录产品的有 55 个，在 1 月 5 日中登录产品的有 45 个，在 1 月 6 日登录产品的有 30 个，则 1 月 3 日的新增用户在 1 天后、3 天后、7 天后的留存率分别为多少？

（2）根据以下数据计算 12 月 12 日到 12 月 22 日期间的用户付费率是多少？

日期	12/12	12/13	12/14	12/15	12/16	12/17	12/18	12/19	12/20	12/21	12/22
活跃用户	237	332	1 498	3 327	3 514	3 896	4 785	5 512	49 854	54 195	46 245
付费用户	55	68	185	437	375	514	543	504	5 515	4 494	3 472

（3）假设平均每个用户向 30 个朋友发出邀请，其中接收到邀请并转化为新用户的转化率为 10%。请计算此时的 K 值为多少？

2. 指标配对。

根据左侧表格中给出的情境，在右侧表格所给出的指标中选出最可能相关的指标进行连线。

日均使用时长		某用户在首次使用游戏产品后的第二天继续使用。
三日留存率		一个月某游戏产品完成付费的用户有 4 080 名。
周活跃用户数		某用户在使用游戏产品全过程中共花费 5 000 元。
月流失率		某用户每天使用游戏产品的时间为 3 小时。
活跃付费用户数		一周内某游戏产品的使用人数为 200 人。
生命周期价值		某用户在上月使用过某游戏产品后，第二个月不再使用。

○ 任务三　游戏数据分析的报表制作

任务导入

某游戏新版本效果分析报告[①]

一　初稿

某游戏 2017 年 1 月 1 日 4.0 版本效果数据如下：

① 新用户登录的激活转化率相比 3.9 版本提高了 10%，目前为 27%；

② 4.0 版本首周日活跃人数比之前提高了 16%，目前日均活跃达到 10 万人，点卡用户平均在线时长提高到 3 小时，相比之前提高了 0.6 小时；

③ 1 月 1 日至 7 日总充值账号数为 5 万，月卡、点卡账号数占比为 66.8%、33.2%；

④ 购买了月卡的账号中，购买打折月卡账号数占比为 37%，两种类型的打折月卡账号数

---

① 改编自：黎湘艳，叶洋. 游戏数据分析实战[M]. 北京：电子工业出版社，2018：17.

占比相当;

⑤ 购买打折月卡的玩家中 90% 的玩家为 1 月 1 日之前购买过月卡的月卡老玩家,5.7% 为之前的点卡老玩家;

⑥ 4.0 版本新用户次日留存率比 3.9 版本新用户次日留存率高了 15%;

⑦ 回流玩家账号数 1 万,回流玩家 3 日留存率为 64%,购买打折月卡比例为 7.3%;

⑧ 2016 年 12 月百度贴吧中负面情感帖占 10%,主要问题为掉线、卡死。

二 修改稿

某游戏 4.0 版本于 2017 年 1 月 1 日上线,激活转化率、DAU(Daily Active User,日活跃用户数)、在线时长、留存率及收入较版本更新前有较高的提升,但月卡打折活动对点卡用户来说吸引力并不大,掉线和卡死的问题相对集中。

新用户登录后激活的转化率为 27%,日均活跃人数为 10 万,次日留存率为 43%,平均在线时长为 5.6 小时,充值账号数为 5 万,回流账号数为 1 万。效果数据如下。

1. 运营数据

① 6 天共带来新用户 5 万人,新用户登录后激活的转化率为 27%,相比 3.9 版本提高了 10%;

② DAU 为 10 万(上涨 16% 以上),回到两个月以前的水平;平均在线时长为 5.6 小时,其中点卡用户在线时长提高到 3 小时,相比前一周提高了 0.6 小时;

③ 次日留存率为 43%,比 3.9 版本高出了 15%;

④ 更新当天充值收入为 100 万元,比更新前高了 4 倍。

2. 流失回归用户

流失回归用户比例较高,但购买打折月卡的热情不高,更多处于观望状态。

流失一个月以上回归的账号数为 1 万,占活跃用户比例为 22%,次日留存率为 37%,回流且充值账号数为 1000 人,购买打折月卡比例为 7.3%。

3. 活动参与

打折活动最受月卡老玩家的青睐,对点卡老玩家的诱惑力不够。

① 总充值账号数为 5 万,月卡、点卡占比为 66.8%、33.2%;

② 购买打折月卡账号数占比为 37%,两种类型的打折月卡占比相当,购买打折月卡的玩家中 5.7% 为点卡老玩家,4.3% 为月卡新玩家。

4. 玩家反馈

新版本客户端稳定性差是产生负面情绪的主要原因。

① 2016 年 12 月百度贴吧帖子总数 1 万条,负面情感帖占 10%,正面情感帖占 2.6%;

② 主要问题为掉线、卡死(更新页面不出来、任务场景不切换、客户端蓝屏、登录之后闪退)。

知识准备

一 报表制作的结构

数据报表集中体现了对业务、指标和方法的基本理解,反映了游戏产品在市场运营、产品运营等方面的发展情况。主要包括运营现状、趋势判断、衡量表现、产品问题四大结构。

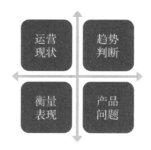

图 7 - 8　数据报表结构示意图

(一) 运营现状

运营现状是运营期间的数据汇总与分析,用以了解游戏产品的运营情况。主要包含新增情况、活跃情况、付费情况等内容。

图 7 - 9　某游戏产品运营现状总览

(二) 趋势判断

趋势判断是通过多期连续指标的对比分析来判断游戏产品的数据规律和产品节奏。其中,需要关注的关键要素有:同比、环比、定基比、时间序列、渠道对比等。

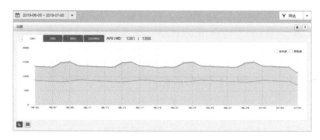

图 7 - 10　当日有开启过游戏的玩家趋势变化图(蓝色部分是当日新增玩家带来的活跃)

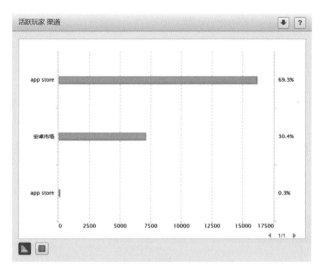

图 7 - 11　活跃玩家渠道对比

(三) 衡量表现

在报表制作过程中,需要结合各渠道的关键指标、行业发布标准来对游戏产品数据进行分级和综合,以衡量游戏产品的质量,了解游戏产品的整体表现。

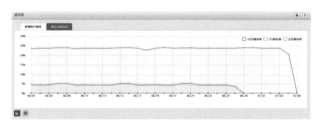

图 7 - 12　活跃玩家留存率

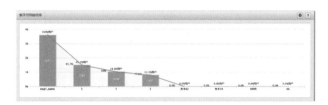

图 7 - 13　新手引导转换率

(四) 产品问题

产品问题通常隐藏在数据报表的细节中,只有通过数据报表的分析才能发现异常情况,并进一步进行分析找出产生问题的原因。

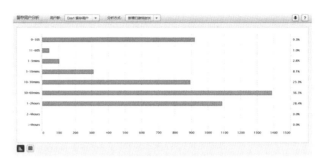

图 7-14 留存用户异常分析

二 常用统计图

当数据量较大时,需要使用专业的数据处理软件,比如 SPSS、SAS、Splus、Stata、Matlab 等。而在游戏数据分析中,比较常用的是 R 语言。最终生成的图表主要有以下几种。

(一) 散点图

散点图是将两个定量变量之间的关系形象化的一种非常有用的方法。比如可以将某一游戏的等级与练级时间作散点图,可以看到两者之间呈较强的线性关系。

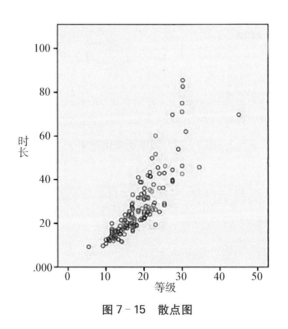

图 7-15 散点图

(二) 箱形图

箱形图也称为箱形——晶须图,主要是用来了解变量的分布情况的统计图。可以显示数据的最小值、最大值、中位数、上四分位数、下四分位数,发现数据的异常值和变异值等。

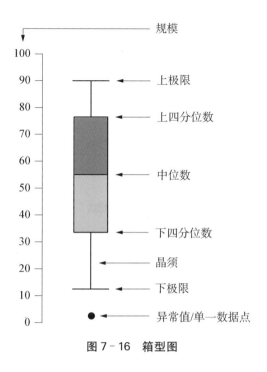

图 7-16　箱型图

(三) 直方图

直方图是频数直方图的简称,通常根据频数表的数据绘制而成。矩形的宽度表示数据范围的间隔,矩形的高度代表在限定间隔内的频数。直方图可以显示数据波动形态和范围,了解游戏产品特性的分布情况。

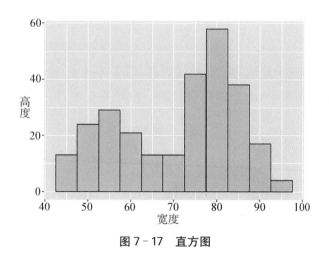

图 7-17　直方图

(四) 条形图

条形图也称为柱状图,是用宽度相同的条形的高度或长度来表示数据大小的一种统计图。当类别放在纵轴时,称为条形图;当类别放在横轴时,称为柱状图。

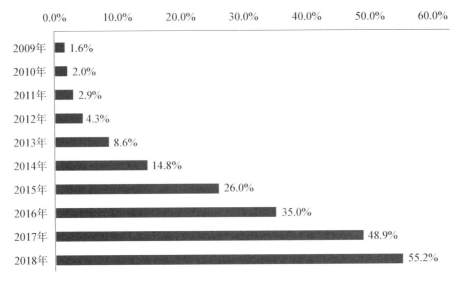

图 7‑18　上海移动游戏市场占有率（伽马数据）

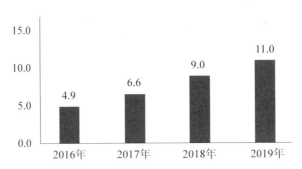

图 7‑19　全球游戏市场营收（亿美元）（伽马数据）

（五）饼图

饼图是一个划分为几个扇形的圆形统计图表，用于描述量、频率或百分比之间的相对关系。饼图具有三大特征：第一，单个饼图只针对一组数据有效；第二，所有数据必须是正数；第三，数据不宜过多。

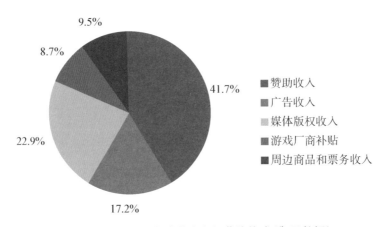

图 7‑20　2019 年全球游戏市场营收构成（伽马数据）

（六）折线图

折线图又可称为趋势图,利用曲线的升降变化来判断某统计量增减变化以及未来的发展趋势。

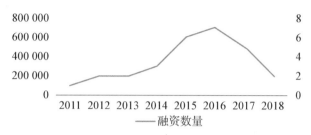

图 7-21 游戏直播融资数量(鲸鱼数据)

任务实施

1. 阅读任务导入的材料,分析该报告初稿和修改稿有何不同,为什么要这样修改。

2. 以下是某游戏产品各个安卓渠道某一日的新增注册数和活跃人数,请根据所给数据制作:

（1）使用饼图来描述所有渠道新增注册数情况;

（2）使用条形图来描述各渠道活跃人数分布情况。

渠道	新增注册数	活跃人数	渠道	新增注册数	活跃人数
360	15 172	46 296	当乐	2 502	8 536
UC	22 288	56 709	初见	825	2 524
小米	60 577	153 202	华为	1 904	6 504
百度	2 391	7 109	OPPO	8 834	22 857
4399	14 173	32 247	VIVO	5 689	15 383

3. 以下是某游戏产品十天内新增设备数和首充人数。请根据所给数据制作:

（1）使用折线图来描述十天内新增设备数的变化趋势;

（2）使用直方图来描述十天内首充人数的分布情况;

（3）使用散点图来观察新增设备数与首充人数之间的关系。

日期	新增设备数	首充人数
2017/1/1	10 891	1 129
2017/1/2	6 799	787

(续表)

日期	新增设备数	首充人数
2017/1/3	5 425	822
2017/1/4	5 380	713
2017/1/5	5 243	611
2017/1/6	4 220	637
2017/1/7	4 323	598
2017/1/8	3 999	493
2017/1/9	3 185	419
2017/1/10	4 168	789

4. 以下是某游戏产品五大渠道 2—7 日留存率。请根据所给数据制作箱形图。

渠道	2留(%)	3留(%)	4留(%)	5留(%)	6留(%)	7留(%)
360	43.08	33.32	29.35	26.8	23.5	20.4
UC	43.1	25.03	13.43	10.83	9.19	8.16
小米	31.13	19.81	15.78	13.72	12.01	11.23
百度	34.04	22.63	18.7	16.02	13.97	12.3
4399	37.92	22.81	12.19	8.97	7.39	5.97

项目八
游戏产品主题与促销活动

项目概要

游戏产品的运营离不开活动。活动运营是指在一段时间内,通过组织活动实现用户支付行为(时间和金钱),获得奖励(物质和精神)的一种价值交换。活动策划是游戏运营最核心的业务,是完成KPI的利器。衡量活动成功与否的标准是用户量是否持续增长、收入是否持续增加。简而言之,活动就是为了短时间内拉升收入。本项目的主要任务是让学生熟悉游戏产品主题与促销活动的主要类型及基本情况,掌握活动策划的流程与方法。

知识目标

1. 熟悉游戏产品主题与促销活动的主要类型。
2. 掌握游戏产品主题与促销活动策划的流程与方法。

能力目标

1. 能撰写游戏产品主题与促销活动策划书。
2. 能组织游戏产品主题与促销活动。

◎ 任务一 游戏产品主题与促销活动的主要类型

任务导入

对于网络游戏而言,最好的营销推广平台就是游戏本身。常见的游戏线上活动主要有以下9种。

序号	名称	常见形式
1	PK类	行会战、个人战、玩家与GM(Game master,游戏管理员)之间的PK战
2	团队类	帮派、军团战
3	节日类	传统节日、游戏节点、自造热点等
4	对抗BOSS类	特点时间对抗降级BOSS、BOSS岛等

（续表）

序号	名称	常见形式
5	升级奖励或冲击比赛类	游戏公测、收费升级、比赛
6	以物换物类	虚拟物品交换
7	长时间在线类	对长时间在线用户进行特定奖励
8	任务奖励类	对话类、杀怪类、收集物品类、探索型、使用道具型、引导型
9	知识问答类	知识问答

知识准备

从游戏行业来看，活动包括品牌类、渠道类、新进类、平台类、回流类、充值类、消耗类和活跃类8种。运营部门几乎八类活动都会参加，但以运营部门为主导部门开展的活动主要是回流类、充值类、消耗类、活跃类。

也就是说，市场部门负责把用户"引进来"，研发部门负责把用户"留下来"，运营部门负责让用户"花钱"。所以运营部门的活动（回流类、充值类、消耗类、活跃类）都是以短时间内提升KPI为目的的。

表8-1 游戏活动分类表①

活动类型	活动目的	主导部门	协作部门
品牌	提升品牌影响力	品牌	运营
渠道	提升渠道运营效率	商务	
新进	导入用户	市场	
平台	获取用户资料	平台	
回流	召回流失用户	运营	研发、平台
充值	促使用户完成付费		研发
消耗	促使用户完成消耗		研发
活跃	提升用户活跃度		研发

接下来简单介绍一下游戏运营部门主导的四种活动。

1. 回流类

所谓回流类活动，就是尝试把已经流失的用户重新召回的活动。在游戏运营过程中，用户流失是伴随游戏始终的现象，其中的原因是多方面的。但用户流失后还有可能

---

① 饭大官人.游戏运营高手进阶之路[M].北京:电子工业出版社,2018.

会回流,例如用户离开游戏的原因是对版本不满意,当游戏版本升级时要及时将信息传递给此类用户,并试图召回这类用户。当然,这一行为开展的前提是掌握用户的有效联系方式,例如手机号码和邮箱等。

回流类活动的核心指标是流失用户的回归数量,关键点是找到用户流失的原因并给用户一个回流理由。

2. 充值类

充值类活动,顾名思义,是促使用户充值的活动。盈利是所有公司的目标,游戏公司的变现能力就体现在用户充值上,充值的用户越多,充值的金额越大,游戏产品的盈利空间才越大。

从充值的角度来看,用户分为未付费用户和已付费用户,已付费用户又分为普通付费用户和土豪用户。每个用户的消费习惯和消费偏好都有很大差异,总的说来就是要让未付费用户转化为付费用户,提高付费用户的黏性,牢牢抓住土豪用户的心。这些都可以从活动策划和设计来入手。例如采用充钱送钱、充值送抽奖机会、充值爬坡、限时限量打折促销、团购等。

图 8-1　某游戏活动界面

3. 消耗类

所谓消耗类活动,就是让用户将充值获得的游戏内货币和道具尽快消费完的活动。消耗类活动与充值类活动是相辅相成的,充值之后才有消耗,消耗之后又会带来新一轮的充值,循环往复,从而提高产品的营收。

通常情况下,重要的奖励要设计在消耗端,因为"花钱"买来的东西和充值送的东西感觉完全不一样,用户往往对"花钱"买来的东西更加看重。

4. 活跃类

所谓活跃类活动,就是在游戏内或游戏外提升用户活跃度的活动。游戏内主要是通过研发配合来开展多种形式的活动,游戏外则主要集中在论坛、贴吧、QQ群等。

活跃用户越多,游戏产品的人气就越旺,不仅可以提升"收入",而且用户二次生产的乘数效应叠加更加明显,从而带来更多的娱乐内容与话题,有利于提升游戏的生态环境和亚文化,形成品牌效应。

任务实施

1. 请根据任务导入中的9种线上活动类型,各找一个游戏案例完成下列表格。例如PK类,《剑侠情缘网络版3》的"华山论剑"活动。

序号	名称	案例
1	PK 类	《剑侠情缘网络版 3》的"华山论剑"活动
2	团队类	
3	节日类	
4	对抗 BOSS 类	
5	升级奖励或冲击比赛类	
6	以物换物类	
7	长时间在线类	
8	任务奖励类	
9	知识问答类	

2. 活动运营与销售技巧是密不可分的,日常生活中常见的销售技巧也可以运用到游戏运营的活动之中。请结合下表罗列的销售技巧,谈谈如何在游戏活动中加以运用。

销售技巧	日常案例	电竞活动如何运用
随机博彩	福利彩票	
组合销售	大礼包	
周期订购	月卡、年卡	
差异定位	老人、儿童半价	
竞价拍卖	拍卖	
意愿付费	打赏	
共享经济	顺风车	
典当	闲置置换	
直销返利	微商三级分销	

◎ 任务二　游戏产品主题与促销活动策划文案

任务导入

2016 年第一网红 Papi 酱的文案写作技巧

被誉为"2016 年第一网红"的 Papi 酱的成功不是偶然的,其文案写作技巧就值得玩味。

1. 话题选择

自媒体以及主播们每天都在思考的三件事情就是说什么、怎么说以及说得怎么样。要想让粉丝乐意买单,关键是选择他们关心的内容来说,使他们愿意加入互动,写和演都是如此,这就是话题的选择。

Papi 酱所说的内容定位于 80 后和 90 后人群生活中、职场中已经发生的、正在发生的以及未来将会发生的事情,所以具有很高的关注度和认同感。另外,Papi 酱所说的内容大多针对批判性强、适合传播的问题,因此,总是能够引爆传播。

2. 语言选择

Papi 酱的语言选择艺术值得推敲,几乎每三句话就有一个小高潮。Papi 酱善于使用电单、自讼、口语等技巧,而且剪辑非常到位。每次拿到对白台本,Papi 酱都会综合联系多元素角色,测试场景扮演,挑战不同条件下的身份转换。在实际应用中,Papi 酱多用短语、陈述句、缩写句、简单词,发音变化以及拼写倒置等技巧的使用也都给人耳目一新的感觉。尽管这种支离破碎的网络语言不是 Papi 酱创造的,但是她把这种语言的效果发挥到了极致。

3. 诱导方式

在每一个视频中,Papi 酱都会使用"我是 Papi 酱,一个集美貌与才华于一身的女子"进行总结式诱导。这种总结非常自然,容易让观众接受,大多数观众都会顺着情绪引导,完成进入完整角色的过渡。另外,像"当时就懵的我⋯⋯"这种插入式的评论引导代替了读者的思考,往往能给人留下深刻印象。

4. 动静结合

在所有的视频中,Papi 酱永远都处于兴奋的状态,情绪点极高,就像田径运动员在比赛过程中思考对手的追赶一样,是一种高速的类似黑客帝国的快速思维的状态。这种思维具有敏捷、快速、创新等特点,在我们普通人的生活和工作中非常少见。因此,这种状态下的人往往可以超常发挥,收效远远超过预期。

5. 节奏把握

Papi 酱非常善于把控节奏,总是能够在视频刚开始的几分钟内让大家快速进入话题场景。Papi 酱快速的语速常常让观众还来不及思考,就跟着她转换话题。在话题转换的过程中,Papi 酱还会制造悬念,让大家产生兴趣点和紧迫感,这样观众就很容易把思想和情感转移到 Papi 酱个人身上。

(资料来源:李改霞.文案写作与活动策划:理念、技巧、方法与实战[M].北京:清华大学出版社,2017.)

知识准备

活动策划的首要任务就是撰写活动文案,一份标准的活动文案应该包含但不限于以下内容:活动主题、活动对象、活动时间、活动描述、规则详情、投放渠道、风险控制、监测指标、成本预估、效果评估、常见问题问答等。

活动方案的内容可以分为显性内容和隐性内容两部分(如图 8-2 所示):显性内容主要包括主题、时间、规则和奖励,这部分内容是面向用户的;隐性内容主要包括目的、成本、风险、数据、宣传、节奏、总结和执行,这部分内容主要是面向公司内部的相关人员的,例如主管、策划人员等。

图 8-2 策划文案内容框架图

1. 活动主题

活动主题的主要价值就在于被发现、被传播。一个好的活动主题应该能够抓住用户的眼球,激发他们的传播欲望,最终这些关注和传播转化为流量。

根据游戏运营的经验,设计活动主题有三种方法。

① 蹭热点。蹭热点往往可以事半功倍,而且热点信息也容易获取,百度、微信热搜等都可以提供相关信息。

② 抓需求。人有物质、社交、情感、心理等多方面需求,设计的活动主题如果能抓住用户的需求就成功了一半。例如统计数据显示,有一半以上的游戏用户玩游戏是出于社交的需求,那在设计活动主题时就可以着眼于这一需求。

③ 设悬念。好奇之心,人皆有之,设计活动主题可以利用人们的好奇心,设置悬念,从而达到吸引人们的注意力进而激发人们的行动的目的。

此外,要注意主题与标题的关系。标题是主题的集中体现,需要简洁明了,字数尽量控制在 8—20 字之间,尽量不用标点符号,避免用第一人称等等。

图 8-3　某游戏活动示例

2. 活动时间

这主要包括活动的时机和时间。活动的时机可以选择节假日、季节变化、纪念日等。时间指活动的开始时间、结束时间、奖励的发放时间和领取时间。

3. 活动规则

从用户的角度来说,活动规则应该有趣易懂、准入门槛低、执行路径短。从运营方角度来说,规则设计包括条件限制、验收方式、奖励算法、结算算法,然后以公告的形式呈现给用户。从双方来看,这是一个编码-输出-解码-决定是否交易的沟通/交易过程。

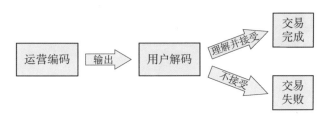

图 8-4　信息沟通过程示意图

4. 活动奖励

活动奖励的设计很有讲究。首先就是要做用户调研,基于用户需求来设计奖励;其次是要考虑成本和目的,活动的本质是交易,是拉升 KPI,这就要考虑投入回报率;再次就是抓住用户的消费心理,奖励要有足够的吸引力。

任务实施

1. 以下内容是某游戏的新年系列活动,请结合文案的主题、时间、规则和奖励等理论知识,谈谈此系列活动的主题、时间、规则和奖励设计是否合理? 为什么?

迎接 2019 一大波福利正在路上

2018,有你才有团,感谢每一个不可或缺的你!

2019,新的峡谷,期待与你继续并肩前行!

王者拼团,百万现金,海量永久英雄/皮肤免费得

五人成团拿好礼,超值福利免费得

【拼团资格获取】

玩家每日登录游戏时即可获得 1 次发起拼团的机会;每个玩家每天最多参与好友的拼团 2 次(不包括自己发起的拼团)。

【成功拼团奖励】

玩家累计 5 人成团即可领取一次奖励。

12 月 28 日—12 月 29 日:现金、Q 币、英雄碎片、钻石、铭文碎片、亲密玫瑰、金币卡、大喇叭、KO 击败特效、扇上生花荣耀播报、节日快乐回城特效。

12 月 30 日—1 月 1 日:跨年英雄皮肤宝箱、英雄碎片、钻石、铭文碎片、亲密玫瑰、金币卡、大喇叭、KO 击败特效、扇上生花荣耀播报、节日快乐回城特效。

【跨年英雄皮肤宝箱】

打开后获得以下奖励之一:

【累计成团奖励】

玩家累计成团 5 次即可领取永久 2019 元旦头像框（拼团满 5 人即可成团）。

2. 选择自己熟悉的一款游戏，为其策划一个主题活动并完成策划书。

◎ 任务三　游戏产品主题与促销活动执行

任务导入

《我买好了 30 张机票在机场等你：4 小时逃离北上广》

2016 年 7 月 10 日，新世相与航班管家 App 联合开展了一场"逃离北上广"的限时营销活动。新世相微信公众号发布的一篇《我买好了 30 张机票在机场等你：4 小时逃离北上广》的文章，在不到一小时的时间里，阅读量就轻松突破 10 万。

活动内容大致是这样的：从当天早上 8 点开始倒计时，参与者只要在 4 小时内赶到北京、上海、广州 3 个城市的机场，即可获得一张往返机票，带你飞去一个未知的美好目的地，另外，还有 300 元的酒店补贴。如此撩动人心的活动，吸引了很多北上广的青年。

这次活动的成功离不开以下三点。

一是前期预热。合作方航班管家在北上广的写字楼里投放了电梯广告，就是抓住了场景内的平面媒介优势，进而抓住人们的注意力。

二是密切配合。新世相是主打文艺范儿的营销公司，而航班管家是国内知名的旅行类 App，再以北上广为辐射点，用户的匹配度非常高，航班管家是核心策划者，新世相为执行者,双方配合形成联动。

三是切中命脉。北上广本身就是众多"漂泊"一族奋斗的城市,生活压力大,这就是"为什么要说走就走",而该活动回答了如何"说走就走",答案就是30张机票,从而"做自己的主"。

当造势、合作与用户紧密结合时,活动当然让很多人追捧,这就是为什么"逃离北上广"的分发方案能够在活动开始后仅三个小时内,即形成现象级营销事件,阅读量达百万,新世相涨粉10万以上。

知识准备

一 活动流程

一个完整的活动流程包括策划、开发、测试、宣传、上线、指标监控、奖励发放和评估总结八个环节。

策划:主要是明确活动的目的、主题、时间、规则和奖励等。

开发:活动策划之后需要设计人员设计界面、开发人员开发和实现功能。

测试:活动开发好之后,需要进行测试以确保其可以正常使用。

宣传:在活动开发和测试的同时,通过有效的渠道将活动传播给目标群体,为活动做预热和宣传造势。

上线:按照策划的时间,活动要进行展示,让用户参与活动。

指标监控:按照策划的目标,监控KPI。

奖励发放:按照规则对符合条件的用户发放奖励。

效果评估:活动结束后,评估活动效果,总结经验教训。

二 活动运营过程中的注意事项

在活动执行和运营过程中,需要特别注意四个问题:成本预算、风险把控、数据监测和总结评估。其中数据监测已在项目七中讲解,这里略过。

1. 成本预算

成本是指为了达到活动目标需要支出的费用,预算是指为了达到活动目标预计支出的费用。成本和预算之间往往存在差距,这就需要活动运营人员具有借势和借力思维,用最少的钱办最好的事。

2. 风险把控

活动是为了快速拉升KPI,这就需要极度关注用户的需求和体验。因此活动运营中最大的风险就是开发或者设计有问题给用户带来的不良体验,这是需要运营人员严格把控的内容。最常见的问题有五个,分别是活动规则是否有漏洞、活动是否影响普通用户的体验、奖励设置是否合理、运营节奏如何把控和运营效果如何评估。

3. 总结评估

总结的基本内容包括活动时间、活动内容、活动效果和经验教训,重点在活动效果和经验教训两部分内容。

三　如何有效把控活动的风险

① 拿捏不准,多问专家意见。

② 涉及领奖,严把测试环节。功能性的活动,一旦涉及领奖,一定要进行专业测试。

③ 数值监控预警。对一些可兑换的数值进行监控,当某数值明显超过某个阈值时,应通过短信报警。

④ 设计奖励上限。包括个体参与上限、奖池上限。

⑤ 监督用户舆论,及时补救。建立核心玩家后援团。

任务实施

1. 阅读任务导入的材料,结合所学知识,谈谈策划一次成功的活动需要哪些因素。

2. 选择一款自己熟悉的游戏,参与其最近在推广的一个促销活动,利用所学知识分析该活动的策划执行情况。